Claudia Banck

Alles Mythos!

20 populäre Irrtümer über die Wikinger

Die Deutsche Nationalbibliothek verzeichnet diese Publikation
in der Deutschen Nationalbibliografie; detaillierte bibliografische
Daten sind im Internet über
http://dnb.d-nb.de abrufbar.

Der Konrad Theiss Verlag ist ein Imprint der WBG.

© 2014 by WBG (Wissenschaftliche Buchgesellschaft), Darmstadt
Die Herausgabe des Werkes wurde durch die Vereinsmitglieder
der WBG ermöglicht.
Lektorat: Monika Stumpf, Speyer
Satz: Satzpunkt Ursula Ewert GmbH, Bayreuth
Einbandabbildung: © dpa/David Chestein; gemenacom/fotolia.com
Einbandgestaltung: Stefan Schmid Design, Stuttgart
Gedruckt auf säurefreiem und alterungsbeständigem Papier
Printed in Germany

Besuchen Sie uns im Internet: www.wbg-wissenverbindet.de

ISBN 978-3-8062-2819-9

Elektronisch sind folgende Ausgaben erhältlich:
eBook (PDF): 978-3-8062-2992-9
eBook (epub): 978-3-8062-2993-6

Inhalt

Einleitung

Unbesiegbar, bärenstark, todesmutig und tapfer – so stellt man sich die Wikinger vor, die gegen Ende des 8. Jahrhunderts aus dem Norden Europas aufbrachen, um wie „wilde Hornissen" über die Britischen Inseln und das Frankenreich herzufallen. *„A furore Normannorum libera nos, domine!"*, beteten die Menschen an den Küsten, *„Befreie uns, Herr, von der Raserei der Nordmänner!"* Die kümmerte ihr schlechter Ruf herzlich wenig, sie wollten Beute, egal in welcher Form – Geld, Gold, Vieh oder Menschen, und dafür gingen sie im wahrsten Sinne des Wortes über Leichen. Auch ihre christlichen Zeitgenossen handelten nicht besonders gottgefällig – die mitteleuropäischen Fürsten und Könige plünderten und brandschatzten Städte und ganze Landstriche, sie überfielen das eine oder andere Kloster, das am Weg lag – doch insgesamt agierten sie dezenter und versteckten ihre Absichten hinter einem Konstrukt von Gründen wie Religionseifer (Missionierung der Ungläubigen), Thronansprüche, Machtkämpfe. Die Wikinger hingegen verfolgten ihre Ziele ohne Verklausulierungen und Umschweife. Sie wollten ein besseres Leben als das, was ihnen die heimische Scholle bot.

Dafür reisten sie mutig bis an die Grenzen der bekannten Welt. Fast drei Jahrhunderte lang beherrschten sie die nördlichen Meere. Sie waren die besten Bootsbauer und kühnsten Seefahrer ihrer Zeit. Als Piraten, Eroberer, Händler und Entdecker steuerten sie ihre Schiffe durch die Nord- und Ostsee und über den nördlichen Atlantik. Sie plünderten die Küsten Westeuropas bis hinunter nach Gibraltar, griffen Nordafrika an und drangen ins Mittelmeer vor. Als Siedler ließen sie sich in England, in der Normandie, auf den Färöern, den Orkney- und Shetlandinseln, auf Island und Grönland nieder und erreichten fast fünfhundert Jahre vor Columbus die nordamerikanische Küste. Als Händler waren sie auf Handelsrouten zwischen Grönland und dem Schwarzen Meer unterwegs. Sie gründeten Städte in Irland und Staaten in Süditalien und Kiew. In Konstantinopel dienten sie als Söldner in der berühmten Warägergarde des byzantinischen Kaisers. Kurz: Sie waren in der ganzen damals bekannten Welt zu Hause.

Währenddessen erwirtschafteten die Daheimgebliebenen in Skandinavien als Bauern, Fischer, Jäger und Fallensteller die ökonomischen Grundlagen, die diese Seefahrten ermöglichten. Ihr Leben spielte sich im Umfeld der Siedlung und des Hofes ab, das viele ein ganzes Leben lang nicht verließen. Über sie ist nicht viel geschrieben worden. Doch in den vergangenen Jahrzehnten konnten viele archäologische Funde durch moderne Untersuchungsmethoden neu oder überhaupt ausgewertet werden. So legten norwegische Archäologen von 1980 bis 1983 in Flakstad auf den Lofoten einen rätselhaften Friedhof frei. Von den zehn Toten, die dort zwischen 550 und 1030 in drei Einzel-, zwei Doppel- und einem Dreier-Grab abgelegt worden waren, war jeweils nur eine Person pro Grab mit Kopf bestattet worden. Bei den restlichen Toten fehlte der Schädel. Mithilfe von DNA- und Isotopenanalysen fanden die Wissenschaftler (dreißig Jahre später) heraus, dass die sieben ohne Kopf Bestatteten zu Lebzeiten überwiegend Fisch gegessen hatten. Die, die ihren Kopf behalten hatten, waren offensichtlich höher gestellt, denn die Untersuchung ergab, dass sie in ihrem Leben viel Fleisch konsumiert hatten – ein Zeichen für Wohlstand. Man kann daraus schließen, dass die Bewohner eines Hofes oder einer kleineren Siedlung nicht alle aus einem Topf aßen, ihrem gesellschaftlichen Rang entsprechend lebten und auch so starben. So ergänzen ständig neue Erkenntnisse das bisherige Wissen über die Wikinger.

Der Begriff „Wikinger", mit dem man heute großzügig die gesamte Bevölkerung Skandinaviens und ihre vielseitigen Aktivitäten vom Ende des 8. bis Mitte des 11. Jahrhunderts bezeichnet, ist älter als die Wikingerzeit selbst. Der früheste Beleg stammt aus einem altenglischen Text aus dem 7. Jahrhundert. Er bezieht sich auf Seeräuberei im Mittelmeer und hat mit den Skandinaviern nichts zu tun. Erst im Verlauf des 10. Jahrhunderts wurde der Begriff zunehmend mit den Piraten aus dem Norden in Verbindung gebracht. Im Altnordischen steht *víkingr* für Seeräuber, seine ursprüngliche Bedeutung ist trotz vieler Deutungsversuche nicht geklärt. Abgeleitet sein könnte es von *vik* (Bucht), in der die Wikinger auf der Lauer lagen. Oder von dem lateinischen *vicus* für Lager oder Handelsplatz. Der Name könnte aber auch mit einem konkreten Landschaftsnamen zusammenhängen und Männer aus der südnorwegischen Landschaft Vik, der Region um den Oslofjord, bezeichnen.

Es gibt nur wenige zeitgenössische Belege dafür, dass sich die Skandinavier selbst als Wikinger bezeichneten. In mehreren Runeninschriften werden Männer genannt, die auf Wikingfahrt *(í víkingu)* fuhren. Welchen Charakter eine solche Fahrt hatte − ob Raub oder Handel −, lässt sich nicht sagen, das altnordische Wort *víking* steht lediglich für eine „weite Schiffsreise".

Vikingr bezeichnete denjenigen, der auf Wikingfahrt fuhr. Der Begriff „Wikinger" erhielt im Laufe der Jahrhunderte einen zunehmend negativen Beigeschmack, wenn er im Sinne von „Pirat" verwendet wurde, der auch in heimatlichen Gefilden eine Plage war. Auf der anderen Seite galt es auch für Könige noch lange als ehrenwert und das Ansehen fördernd, auf Viking zu fahren. Häufig dienten die Fahrten der Geldbeschaffung, um die eigene (Königs-) Macht zu Hause durchsetzen zu können.

Im Verlauf der Wikingerzeit entwickelten sich die drei Königreiche Norwegen, Schweden und Dänemark; die Skandinavier wurden zu Christen. Die privat geführten Raubzüge lohnten am Ende nicht mehr, die Gegenwehr war zu stark geworden. Ab Ende des 11. Jahrhunderts boten Kreuzzüge und Pilgerfahrten eine gute Gelegenheit, dem Alltag zu Hause den Rücken zu kehren. Nach der Christianisierung gehörten die großen Heiligtümer der Christenheit in Rom und dem Heiligen Land zu den begehrten Reisezielen. Viele bezahlten die Fahrten in die Ferne nicht anders als während der klassischen Wikingerzeit mit dem Leben. Snorri Sturluson erzählt in der „Heimskringla" von einem Norweger namens Skopti, der im Jahre 1102 mit seinen Söhnen Ogmund, Finn und Thord in insgesamt fünf Langschiffen nach Rom aufbrach, wo sie im Herbst des folgendes Jahres ankamen: *„Da starb Skopti. Alle, Vater wie Söhne, starben auf dieser Fahrt. Thord lebte am längsten von ihnen. Er starb auf Sizilien."* Was sie in Rom wollten, ist nicht sicher – man kann aber davon ausgehen, dass die Reise nicht zu ihrem Nachteil ausfallen sollte.

Die Wikinger, so wie sie in den „Isländersagas" des 13. Jahrhunderts geschildert werden, waren Realisten, die den Tod nicht selten mit einem recht trockenen Humor kommentierten. In der „Brennu-Njáls saga" wird ein Kampf mit tödlichem Ausgang beschrieben:

„Kolskegg reagiert schnell, macht einen Schritt auf ihn zu, schlägt ihm den Sax in den Schenkel und trennt das ganze Bein ab.

‚Hab ich dich jetzt getroffen oder nicht?', sagt Kolskegg.

‚Ich bin selbst schuld, weil ich ohne Schild angegriffen habe', antwortet Kol und steht eine ganze Weile auf einem Bein da und betrachtet den Stumpf.

‚Du brauchst gar nicht so zu gucken', sagt Kolskegg, ‚es ist genau das, was du siehst: Das Bein ist ab.'

Da fällt Kol tot zu Boden."

Um den Tod wurde kein Gewese gemacht. Man nahm hin, was nicht zu ändern war – so war die Zeit, so waren die Wikinger. Sie liebten Ruhm und Reichtum. Reisen in ferne Länder und stolzen Schiffen gehörte ihre Leidenschaft. Ihre Lebensbasis aber war die Familie. Sie waren aufmerksame Gastgeber und legten großen Wert auf zwischenmenschliche Kontakte.

„Jung war ich einst,
ging allein meines Weges,

ging in die Irre –
glücklich schätzt' ich mich,
als ich den andern fand:
Der Mensch ist die Freude des Menschen",

heißt es in der „Lieder-Edda". Dort findet man auch viele praktische Ratschläge für das tägliche Leben: Wer etwas zu erledigen habe, solle zeitig aufstehen. Es sei keine Schande, sich früh schlafen zu legen. Man solle seine Freundschaften pflegen, Reisende willkommen heißen, ihnen ein wärmendes Feuer, Nahrung und trockene Kleider ebenso wie Wasser zum Waschen und ein Handtuch bieten. Man solle das Leben anpacken und auf keinen Fall zu viel grübeln.

Die Wikinger trugen keine Helme mit Hörnern, und ihre Waffen waren nicht gewaltiger als die ihrer europäischen Zeitgenossen. Doch bemerkenswert unberührt vom steten Strom neuer, wissenschaftlich fundierter Erkenntnisse bleibt der Mythos Wikinger bestehen. Das Faszinierende an der Welt der Wikinger ist aber beides: die reale, nachgewiesene Welt ebenso wie der Mythos.

Die Wikinger hatten eine schlechte Presse

Am 8. Juni 793 tauchten norwegische Wikinger mit mehreren Schiffen vor der Klosterinsel Lindisfarne an der Küste Northumbriens im Nordosten Englands auf, sie zogen ihre Schiffe auf den Strand und stürmten mit gezogenen Schwertern an Land. Kurz darauf stand die Abtei in Flammen, massakrierte Mönche lagen am Boden, Altäre und Kanzeln waren zerschlagen, Truhen geplündert. Die Piraten flohen mit goldenen Kruzifixen und edelsteinbesetzten Evangelienbüchern im Gepäck. „Rohe, vollkommen gottlose, verwegene Gestalten", wie ein irischer Kleriker klagte, hätten den heiligen Ort zerstört. „Nie zuvor hat Britannien solchen Horror gesehen …", schreibt Alkuin, der berühmte aus Northumbrien stammende Gelehrte am Hofe Karls des Großen. Es folgen weitere Überfälle in England und im Frankenreich. Angelsächsische und fränkische Chronisten beschreiben den nicht enden wollenden Alptraum. Die Schreiber sind Geistliche oder Mönche, deren (reiche und ungeschützte) Kirchen und Klöster bevorzugte Angriffsziele sind. Als Augenzeugen und Opfer beschönigen sie nichts, im Gegenteil, sie schildern die Plünderungen und Zerstörungen durch die Wikinger als Orgie der Gewalt, der Blut- und Beutegier, und interpretieren sie als Erfüllung alttestamentarischer Prophetien, nach denen von Norden das Unheil über alle Bewohner des Landes kommen sollte – als Strafe Gottes für die Sünden der Menschen. Das kam ihnen gelegen, konnten Männer der Kirche doch auf diese Weise ihre Schäflein enger an sich binden und zu einem frommen, gottgefälligeren Leben motivieren.

Über Jahrhunderte prägten ihre Augenzeugenberichte das Negativbild der Wikinger, das von späteren Geschichtsschreibern übernommen wurde und im Verlauf der Jahrhunderte nichts von seinem Schrecken einbüßte. Im irischen Epos „Cogad Gaedel re Gallaib" (Der Krieg der Iren mit den Fremden) aus dem 12. Jahrhundert heißt es: „... *obwohl auf jedem Hals einhundert stahlharte Eisenschädel saßen und in jedem Kopf einhundert scharfe, jederzeit besonnene, niemals einrostende, unverschämte Zungen und einhundert geschwätzige, laute, unaufhörliche Stimmen von jeder Zunge kamen, konnten sie nicht wiedergeben, schildern, aufzählen oder erzählen, was all die Ghaedhil, Männer wie Frauen, Laien wie Geistliche, alte wie junge, edle wie unwürdige, in jedem Haus an Unbill, Unrecht und Bedrängnis gemeinsam von diesen kühnen, wutentbrannten, fremden, vollkommen heidnischen Menschen erlitten."*

Eine nordische Gegendarstellung zu diesen Vorfällen gibt es nicht. Einen der wenigen direkten Zugänge zu Sprache und Denkweise der Wikingerzeit bieten die (häufig) wortkargen Runeninschriften. Über 5 000 Runendenkmäler und Runentexte sind bewahrt, die meisten stammen aus der Wikingerzeit. Ihr Verbreitungsgebiet reichte von Skandinavien, Grönland, England, Irland bis nach Russland, Byzanz und Griechenland. Sie enthalten knappe Informationen über Einzelpersonen und gewähren einen zeitgenössischen Einblick in eine Gesellschaft, die Tapferkeit und Mut als herausragende Tugend schätzte. „*Thorulv, der Gefolgsmann Svens, errichtete diesen Stein nach Erik, seinem fila (Kameraden, Genossen), der den Tod fand, als die Krieger um Haithabu saßen, und er war Schiffsführer, ein sehr tüchtiger Krieger*", lautet die Inschrift eines Gedenksteines für Erik, der vermutlich in den Kämpfen um Haithabu gegen Ende des 10. Jahrhunderts getötet wurde. Andere Inschriften erwähnen Kriegszüge nach England und Süditalien, Handelsreisen ins Baltikum und in den Vorderen Orient, sie nennen Brücken- und Wegebau, bitten um das heidnische Wohlwollen Thors oder um das christliche Seelenheil. In der Mehrzahl sind es wohlwollende Inschriften, die ruhmreiche Taten, großartige Eigenschaften oder auch einfach nur einen Krieger, eine Frau, eine Tochter verewigen sollen. Tadelnde Nachrufe gibt es auch: So hat etwa ein Krieger seine Mannschaft im Stich gelassen. Aber solche Meldungen sind selten und lassen positive Rückschlüsse zu auf das Weltbild der Wikinger. Insgesamt sind die Runeninschriften zeitgenössische und damit authentische Dokumente, die zwar erst viele Jahrhunderte später erforscht wurden, dann aber nachhaltig zum Ruhm und Heldentum der Wikinger beigetragen haben.

Erst nach der Christianisierung und der damit verbundenen Schriftkultur begannen die Skandinavier, sich ab dem 12. Jahrhundert um die eigene Geschichtsschreibung zu kümmern und machten sich daran, die mündlichen Überlieferungen niederzuschreiben. Sie erinnerten an die Heldentaten ihrer wikingischen Vorfahren und malten ein sehr viel schmeichelhafteres Bild von dem, was letztere als Krieger, Seefahrer, Siedler und Entdecker in fernen Ländern geleistet hatten.

Am Anfang der isländischen Geschichtsschreibung steht Ari Þorgilsson, der im „Isländerbuch" (*Íslendingabók*) die frühe Geschichte Islands erzählt. Für sein um 1125 in isländischer Sprache verfasstes Werk zu Ereignissen, die 250 Jahre vor seiner Zeit stattgefunden hatten, standen ihm kaum schriftliche Aufzeichnungen zur Verfügung. Er musste sich auf die mündliche Überlieferung verlassen, die von Generation zu Generation weitergegeben und dabei im Verlauf der Zeit vermutlich das eine oder andere Mal dem sich verändernden Zeitgeist angepasst worden war. Das gilt auch für das „Landnahmebuch", das Buch der Besiedlung Islands, (*Landnámabók*, die erste nicht erhaltene Fassung stammt aus der Zeit um 1100) und die „Isländersagas" (*Íslendinga sögur*), von denen die meisten im 13. Jahrhundert aufgeschrieben wurden – bevor oder auch nachdem die Isländer im Jahre 1262 dem norwegischen König Hákon die Treue geschworen und damit ihre Unabhängigkeit verloren hatten. Der Name der einzelnen Autoren wird nirgends genannt, Isländer waren sie, und die bedrohte oder bereits verlorene Freiheit Islands beeinflusste sie alle. In den „Isländersagas" werden historische Überlieferungen mit fiktiven, literarischen Elementen verknüpft, sie handeln von isländischen (und grönländischen) Familien oder Einzelpersonen. Der Zeitraum, den viele dieser Prosawerke behandeln, liegt etwa zwischen 930 und 1030, die in der isländischen Geschichte die „Sagazeit" genannt wird.

In den „Königsagas" (*Konunga sögur*) wird die Geschichte der norwegischen – und in ein paar Fällen auch der dänischen – Könige erzählt. Die berühmteste Sammlung von Königsgeschichten ist die dreibändige „Heimskringla" (altnordisch für Weltkreis), die der bedeutende Gelehrte Snorri Sturluson um 1230 in Island aufzeichnete und in Form brachte. Die in den Sagas erzählten Geschehnisse waren von Generation zu Generation mündlich weitergegeben worden, bevor sie – dichterisch gestaltet – aufgeschrieben wurden.

Tapferkeit und Treue sind die wesentlichen Werte, mit denen man einen Sagahelden gern schmückte. Ein Beispiel aus der „Saga von Gísli Súrsson": Der auf dem Thing verurteilte, geächtete und damit für vogelfrei erklärte Gísli befindet sich auf der Flucht vor seinem Rächer Bork, dessen Bruder er getötet hat. Eine Zeit versteckt er sich auf der kleinen Insel Hergilsøy bei seinem Verwandten Ingjald, der ein Pächter Borks ist. Als Bork davon erfährt, kommt er mit seinen Männern, um sich Gísli zu holen. Herrisch tritt er vor Ingjald, droht damit, ihn zu töten und verlangt die Auslieferung von Gísli, die Ingjald ihm aber verweigert: *„Ich trage schlechte Kleider, und es würde mir nichts ausmachen, sie nicht bis zum Letzten aufzutragen. Aber eher will ich mein Leben lassen, als dass ich Gísli nicht so sehr Gutes erweise, wie ich nur kann, und ihn in seinen Schwierigkeiten unterstütze."* Niemals, für kein Geld der Welt, würde Ingjald nachgeben und Gísli verraten. Die Sagaautoren romantisieren die isländische Vergangenheit als eine heroische Zeit, in der sich ein freier Mann, egal ob arm oder reich, nichts und niemandem unterwarf.

Auch aus dem Werk des dänischen Geschichtsschreibers und Geistlichen Saxo Grammaticus spricht der Stolz auf die eigene Geschichte. Im Vorwort seiner ab 1185 in Latein verfassten „Gesta Danorum" (*Taten der Dänen*) heißt es: *„Da alle anderen Völker sich einer*

Darstellung ihrer Thaten rühmen und aus der Erinnerung an ihre Vor-
fahren Genuss schöpfen können, so wünschte der oberste Bischof der Dä-
nen, Absalon, dass auch unserem Vaterlande, für dessen Verherrlichung
er stets begeistert war, diese Art von Ruhm und Gedächtnis nicht vorent-
halten bliebe …" Das Werk greift auf mündlich tradierte Mythen, Sagen und Lieder zurück, die zur gleichen Zeit auch auf Island niedergeschrieben wurden und die Wikingerzeit in einem neuen Licht erschei-
nen lassen. Saxo beschreibt die Erfolgsgeschichte ruhmreicher Herrscher, die brutalen Beutezüge spielen kaum eine Rolle. Seine Sicht
der Dinge fand allerdings erst ein größeres Publikum, nachdem die
„Gesta Danorum" zu Beginn des 16. Jahrhunderts ins Dänische übersetzt worden waren. Das Buch erlangte große Popularität und weckte
das Interesse an der eigenen glorreichen Vergangenheit.

In der Wissenschaft beginnt man, die Runeninschriften zu ent-
schlüsseln und die überlieferten Mythen zu studieren. Die wichtigsten
Quellen sind die beiden Eddas: die „Lieder-Edda" (häufig auch ältere
oder poetische Edda genannt) ist eine Sammlung alter Götter- und
Heldenlieder, die um 1270 niedergeschrieben wurde, und die „Snorra-Edda", ein von Snorri Sturluson um 1220 verfasstes Lehrbuch für
Skalden (Dichter), in dem er die alten Göttermythen und Heldensagen zitiert und zum Teil nacherzählt, um eine beispielhafte Anleitung
für poetische Umschreibungen zu geben.

Die Idealisierung der heidnischen Helden bleibt nicht auf den
Norden beschränkt. Der einflussreiche französische Philosoph Jean-
Jacques Rousseau (1712–1778) sieht in den beutegierigen, ungeho-
belten Barbaren *„edle Wilde"*. In seinen Essays verklärt er alles Ursprüngliche, noch nicht von der Zivilisation Korrumpierte zum Ideal.
„Freie, gesunde, glückliche Menschen" seien sie ihm zufolge. Der schwedische Universalgelehrte Olof Rudbeck behauptet in seinem um das
Jahr 1700 erschienenen Werk „Atland eller Manhem" (Atlantis oder
Menschenheim), seine Heimat sei das sagenumwobene Atlantis, Mittelpunkt der Welt und Wiege aller Kulturen. Die Normannen beschreibt er als Entdecker und Pioniere. 1825 veröffentlicht der schwedische Lyriker und Bischof Esaias Tegnér die „Frithiofs Saga". Das nor-

dische Heldenepos wird zum Bestseller. Nicht nur Johann Wolfgang von Goethe findet Gefallen an dem tapferen und treuen Recken Frithiof, den es in die Ferne treibt: Dieser beweist ritterliche Tapferkeit und bleibt seiner Liebe zu Ingibjorg, der schönen Tochter eines Königs vom Sognefjord, treu. Das „Prachtwerk der schwedischen Nationalromantik" wird in zahlreiche Sprachen übersetzt. Eine Welle der Begeisterung für alles Nordische erfasst Deutschland, Eltern geben ihren Kindern nordische Namen wie Frithiof oder Ingeborg. Der Brandenburger Dichter Friedrich de la Motte Fouqué mischt in der um 1810 aufgeführten Dramentrilogie „Der Held des Nordens" wikingerzeitliche Elemente mit hochmittelalterlichen Rittermotiven. Mit den kühnen Seefahrern befasst sich Friedrich Schlegel in seinen Wiener Vorlesungen (1810). Mit Hang zur Poesie und Drang zu Abenteuern, so Schlegel, hätten die Nordmänner den *„Rittergeist"* nach Europa gebracht. Die Götter- und Heldenlieder der „Edda" faszinieren auch Richard Wagner (1813–1883), vor allem der Nibelungenzyklus hat es ihm angetan. Aufwendig inszeniert er die nordische Heldengeschichte, auf der opulent ausgestatteten Opernbühne tragen die Helden erstmals Helme mit Hörnern. Der enorme Erfolg des Werkes befeuert das positive Heldenbild und die Verbreitung vieler (fantasievoller) Vorstellungen und Klischees.

Mit der Entdeckung der beiden spektakulären Schiffsgräber am Oslofjord – Gokstad (1880) und Oseberg (1904) – gelangen erstmals konkrete Detailkenntnisse über den Schiffbau und das Kunsthandwerk der Wikinger ins nationale und internationale Bewusstsein. Die Skandinavier sind hingerissen von ihrer eigenen, glorreichen Vergangenheit. (Die Gegenwart hat indes wenig zu bieten: Norwegen und Island sind zu Beginn des 20. Jahrhunderts verarmt. Auch in Dänemark und Schweden sind die Großmachtzeiten vorbei.) Mit dem nordischen Drachenstil werden Tier- und Pflanzenornamente aus der Wikingerzeit ebenso wie Gestaltungselemente der mittelalterlichen Zimmermannskunst – der Schiffe und Stabkirchen — wieder aufgenommen, fortan prägen sie Architektur und Möbeldesign.

Ein großes Faible für alles Nordisch-Germanische hat auch Kaiser Wilhelm II. Zwischen 1889 und 1914 unternimmt er in Begleitung seines Hofstaates insgesamt 26 Nordlandfahrten auf seiner Yacht „Hohenzollern" durch die norwegischen Fjorde. Er schwärmt von dem *„kernigen Volk, welches in seinen Sagen und seiner Götterlehre stets die schönsten Tugenden, die Mannentreue und Königstreue, zum Ausdruck gebracht hat"*. Dem Helden Frithiof setzt er in Vangsnes am Sognefjord ein kolossales Denkmal. Von einer der Reisen bringt er als Souvenir eine norwegische Stabkirche mit, die er 1893 in der Rominter Heide bei Rominten/Raduznoje (im ehemaligen Ostpreußen) neben seinem Jagdschloss von norwegischen Handwerkern wieder aufbauen lässt, Holzbalken für Holzbalken. Der Norden war für Wilhelm die *„Wiege der Germanen"*.

Die Verehrung der nordisch-germanischen Vergangenheit bildet den Nährboden für arisches und antisemitisches Gedankengut, das im Nationalsozialismus ideologisch überhöht wird. *„Ehre und Freiheit trieben die einzelnen in die Ferne und Unabhängigkeit, Länder, wo Raum für Herren war ..."*, begründet Parteiideologe Alfred Rosenberg den Aufbruch der Nordmänner in seinem 1930 erschienen Buch „Der Mythus des 20. Jahrhunderts". *„Geniale Zwecklosigkeit, fern aller händlerischen Überlegung"* ist seiner Meinung nach der Grundzug des nordischen Menschen, der *„mit ... heldischer Unbekümmertheit ... Staaten in Rußland, Sizilien, England und in Frankreich"* errichtet.

Mit der Machtübernahme der Nationalsozialisten im Jahre 1933 wird der Wikingerkult greifbar und gegenwärtig. Heinrich Himmler, Reichsführer der SS, nutzt die Runenzeichen der Nordmänner für seine Zwecke, aus den gezackten Sigrunen setzt die SS ihr Kürzel zusammen. Als die Wehrmacht 1940 Norwegen besetzt, erhalten die deutschen Soldaten die Anweisung, dort als Beitrag zur Vermehrung der „arischen" Rasserettung möglichst viele (blonde und blauäugige) Kinder zu zeugen. Als direkte Nachfahren der Wikinger hätten sie nordische Kühnheit und Stärke in ihren Adern.

Nach dem Zweiten Weltkrieg ist die Begeisterung für die Wikinger erst einmal gedämpft, zu eng sind die Wikinger als Verkörperung eines Herrenvolkes mit dem Rassenwahn der Nazis verwoben. Die mittelalterlichen Sagas und die Götter- und Heldenlieder der „Edda" werden aber weiterhin gelesen. John R. R. Tolkien, Oxford-Professor für englische Sprache und Literatur, bedient sich für seine Fantasy-Trilogie „Der Herr der Ringe" (erschienen 1954/55) aus den altnordischen Göttermythen der „Edda".

Historiker und Archäologen stellen die Wikinger nicht mehr als großartige Nationalhelden dar, sie heben jetzt ihre Tüchtigkeit als Händler, Kolonisten, Schiffbauer und Entdecker Amerikas hervor, eine zunehmend sachliche Auseinandersetzung – nicht ohne schwärmerische Elemente: *„Stolz, Freude an Taten, Wagemut, Verlangen nach Kampf und Ruhm, Freude am Wettbewerb, Raubgier, Todesverachtung"* werden (etwa von Johannes Brøndsted, 1960) als *„Sinnesart der Wikinger"* genannt.

Die Popularität der nordischen Plünderer und Rowdies wächst. Aufwendig produzierte Hollywoodfilme erreichen ein Millionenpublikum. Der Zeichentrickfilm „Wickie und die Starken Männer", Comics und Cartoons – allen voran Hägar der Schreckliche – erfreuen seit Jahrzehnten ihre großen und kleinen Fans. Die vom kanadischen Fernsehsender „History Television" produzierte Serie „Vikings" war (2013) so erfolgreich, dass sogleich die 2. Staffel folgte. Die actionreiche Handlung basiert lose auf der Geschichte des legendären Wikingers Ragnar Lodbrok, der 845 Paris eroberte. Die Wirtschaft nutzt die Wikinger und ihre stolzen Drachenschiffe als attraktive Werbeträger. Alles, wo Wikinger drauf stand und steht, verkauft(e) sich besser. Bis heute sind die Wikinger der Inbegriff für Abenteuerlust, Entdeckergeist, Erfolg, Mobilität und Stärke.

Das extrem schlechte Zeugnis, das zeitgenössische Chronisten den Piraten aus dem Norden ausgestellt hatten, diente Historikern in späteren Jahrhunderten immer wieder als Aufhänger, um zur „Ehrenrettung" der Wikinger aufzurufen. Randaliert habe schließlich nur eine Minderheit von (geschätzten) fünf Prozent. Dies klarzustellen, rechtfertigt noch heute so manches Werk über die Wikinger und ihre Zeit. Leidenschaftliche Dichter, begnadete Kunsthandwerker, geschickte

Händler, große Entdecker und Staatengründer seien sie gewesen. In ihrer Rede zum tausendjährigen Jubiläum der Entdeckung Vínlands durch die Wikinger brach auch die damalige Präsidentengattin Hilary Clinton eine Lanze für die blonden Recken: „Wie die USA" hätten auch sie „neue Ideen" in die Welt getragen; ihre Schiffe hätten „Menschen und Orte verbunden". „Ein gewagter Vergleich", kommentieren die „Spiegel"-Autoren in dem im Jubiläumsjahr erschienenen Sonderheft über die Wikinger, und zweifelsohne wieder einmal eine überaus wohlmeinende Interpretation ihrer Taten. Über schlechte Presse konnten die Nordmänner allenfalls zu ihren Lebzeiten klagen.

Die Wikinger waren ein Volk ohne König

Wikingerzeit, Wikingerschiff, Wikingersiedlung – auch wenn der Sprachgebrauch darauf hinzudeuten scheint: Ein Volk waren die Wikinger nie. Sie kamen aus dem Norden Europas – von dort, wo heute die Königreiche Dänemark, Norwegen und Schweden liegen. Die Chronisten außerhalb Skandinaviens haben sich nicht die Mühe gemacht, einzelne Regionen und Bewohner auseinanderzuhalten. Adam von Bremen notiert in der um 1075 verfassten Geschichte des Erzbistums Hamburg: *„Die Dänen und alle übrigen Völkerschaften hinter Dänemark heißen bei den fränkischen Geschichtsschreibern Normannen."* Angelsächsische Quellen sprechen nur ganz allgemein von Dänen oder Barbaren. Thietmar von Merseburg nennt in seiner Chronik (1012–18) die Männer aus dem Norden einfach nur Piratenbande oder Piraten (*piratarum turba; pirati*).

Norwegen, Schweden und Dänemark im heutigen Sinne gab es zu Beginn der Wikingerzeit noch nicht. Die Sammlung vieler kleiner, weitverstreuter Herrschaftsbezirke zu einem großen stabilen Königreich mit festen Grenzen und einem einzigen Herrscher war ein langwieriger Prozess. In den einzelnen skandinavischen Ländern nahm er einen ganz unterschiedlichen Verlauf und war eng mit der Christianisierung des Nordens verbunden. Erst gegen Ende der Wikingerzeit war diese Phase einigermaßen abgeschlossen. Bis dahin prägten Machtkämpfe zwischen Kleinkönigen, Häuptlingsaufstände und Königskriege das Leben im Norden. Zeitweise wurden zuvor vereinte Reiche wieder aufgeteilt und fielen ganz oder teilweise unter die Herrschaft eines anderen skandinavischen (häufig des dänischen) Königs. Es gab eine Vielzahl von heidnischen Häuptlingen und Kleinkönigen. Teilweise waren sie nur Herr über ein einziges Tal, einen Fjord oder eine Gebirgsregion, deren Grenzen nur vage bestimmt werden konnten. Mehr als über ein Gebiet herrschte ein König über Menschen. Das galt umso mehr für die Seekönige, die Snorri Sturluson in der „Ynglinga saga" (um 1230) charakterisiert: *„Zu jener Zeit [als Eystein über das Schwedenreich herrschte] heerten Könige viel in Schweden, Dänen wie Norweger. Da gab es viele Seekönige, die über große Heere geboten, aber kein Land besaßen. Den allein erkannte man mit Fug als einen richtigen Seekönig an, der nie unter rußigem Hausdach schlief und nie im Herdwinkel beim Trunke saß."* Über den zwölfjährigen Ólaf (den späteren Heiligen) schreibt Snorri: *„Als er Heer und Schiffe bekam, gaben ihm seine Leute den Namen ‚König', wie dies damals Brauch war. Heerkönige nämlich, die Wikinger wurden, führten ohne weiteres den Königsnamen, wenn sie aus königlichem Blute waren, auch wenn sie noch kein Land zur Herrschaft besaßen."*

Der König – oder ein Jarl (Fürst) – stand an der Spitze der Gesellschaft. Als Grundvoraussetzung für seine Herrschaft galt die Abstammung von einem Geschlecht, das seinen Ursprung auf die Götter zurückführte. Harald Schönhaar (*Hårfagre*), der Norwegen – oder zumindest Teile des Landes – als erster einte, stammte von den Ynglingen ab, die sich auf den Gott Frey zurückführten. Ahnherr des mächtigen in Mittelnorwegen bei Trondheim ansässigen Geschlechts der Ladejarle war Odin.

An Nachkommen herrschte kein Mangel, allerdings reichte es nicht aus, sich auf die göttliche Herkunft zu berufen. Ein König musste vom Landesthing akzeptiert werden, das ihm die Macht aber jederzeit auch wieder nehmen konnte, wenn ihm die Politik des Königs nicht gefiel oder das Wohlergehen des Volkes nicht gewährleistet war.

Wohlstand in Friedenszeiten und Siege im Krieg waren ein Zeichen dafür, dass die Götter auf der Seite des Königs standen.

Der König war umgeben von seinen Gefolgsleuten, *„hirð"* genannt. Zu Beginn der Wikingerzeit waren die meisten seiner Gefolgsleute noch Bauern, erst später bildeten sich Berufskrieger aus. Im mittelalterlichen Upplands-Gesetz heißt es: *„Und nun bietet der König die Gefolgschaft und das Bauernheer auf, er verlangt die Ruder- und Kriegermannschaft und die Ausrüstung."* Demnach gab es eine stehende Kriegertruppe, doch auch die Bauern mussten bereit sein, Kriegsdienste zu leisten. Auf einem Runenstein aus Uppland wird ein Mann des Königs gelobt: *„Gunni und Kári setzten den Stein nach ... Er war der beste Bauer im Aufgebot Hákons."*

Dass Kriegszüge nicht jedermanns Sache waren, geht indirekt aus den Bestimmungen des norwegischen Frostathing-Gesetzes hervor, das nicht unerhebliche Bußen für diejenigen festsetzte, die dem königlichen Aufgebot nicht Folge leisteten. Doch egal, ob Bauer oder Berufskrieger – ein König musste seine Leute motivieren und mitreißen können. War er dazu nicht in der Lage, fielen die Männer von ihm ab. In der „Heimskringla" erzählt Snorri Sturluson, dass König Erik Norwegen verlassen musste, als sein Rivale Hákon (der Gute) ein mächtiges Heer gegen ihn aufstellte, während er selber nicht genügend Männer sammeln konnte, *„... da manche der Vornehmen ihn verließen und sich zu Hákon begaben".* Auf Stärke, Glück und Tüchtigkeit kam es an. Doch nicht zuletzt brauchte ein König immer auch Geld und Landbesitz, um seine Gefolgschaft mit großzügigen Geschenken an sich zu binden. Die nötigen Mittel erlangte er durch Raubfahrten, Einzug von Steuern und Enteignungen.

In Dänemark, dem kleinsten, aber am dichtest besiedelten der nordischen Königreiche, gewannen schon früh einzelne Familien an Einfluss. Zugute kam ihnen dabei die geografische Lage an den Handelswegen gen Süden. Rolf Krake und weitere Könige aus dem völkerwanderungszeitlichen Königsgeschlecht der Skjöldungen sollen Überlieferungen zufolge in Lejre auf der dänischen Hauptinsel Seeland ihren Sitz gehabt haben. Der mächtige Grabhügel eines Häuptlings bestätigt, dass Lejre bereits im 6. und 7. Jahrhundert eine bedeutende Rolle gespielt hat. Imponierende wikingerzeitliche Langhäuser belegen die wirtschaftliche Bedeutung dieses Machtzentrums. Von hier aus wurden weite Teile des Landes kontrolliert und sogar eine überschaubare Infrastruktur aufgebaut, indem man Wege für Ochsenkarren zwischen den verstreut liegenden Gehöften und Siedlungen anlegte. Der im Jahr 726 gegrabene Kanhave-Kanal teilte Samsø, eine zwischen den wichtigsten dänischen Wasserwegen Storebelt und Lillebelt gelegene Insel, in zwei Teile. Er verband den geschützten Hafen im Osten der Insel mit der offenen Westküste und ermöglichte es, den Verkehr durch beide Wasserstraßen zu kontrollieren und abzukassieren. Eine solche Baumaßnahme erforderte Geld, Männer und die entsprechenden Machtstrukturen.

Auch Abschnitte der Befestigungsanlage Danewerk sind in der ersten Hälfte des 8. Jahrhunderts entstanden. Das insgesamt etwa 30 Kilometer lange, in verschiedenen Phasen gebaute, Verteidigungssystem sollte die Landenge zwischen Schlei und Treene nach Süden hin absichern. Es war das größte Verteidigungswerk im Norden Europas und zeugt auch heute noch von einer ehemals starken dänischen Königsmacht. Allein für den ersten Bauabschnitt mussten 30 000 Eichen gefällt und bearbeitet werden. Um das zu bewerkstelligen, war eine gut geplante und organisierte Führung erforderlich. In dem kleinen Dorf Dannewerk östlich von Haithabu entdeckten Archäologen erst im Jahr 2010 das „einzige Tor" im Verteidigungswall – das Wieglesdor – durch das der „Ochsenweg" führte. Durch dieses Nadelöhr musste jeder hindurch, der gen Norden oder Süden unterwegs war. Hier wurde zur Kasse gebeten, die Zölle und Abgaben flossen dem jeweiligen Herrscher zu.

In vielen Quellen wird der dänische König Godfred (auch Götrik) genannt, der zu Beginn des 9. Jahrhunderts den slawischen Handelsplatz Reric zerstörte und die Kaufleute nach Haithabu umsiedelte. Mit einer 200 Schiffe starken Flotte rückte er gegen Friesland vor, forderte von den Bewohnern Steuern in Form von 100 Pfund Silber und nur seine Ermordung (810) verhinderte, dass er Karl dem Großen persönlich die Stirn bieten konnte.

Von seinen Nachfolgern ist wenig bekannt. Erst im 10. Jahrhundert entwickelte sich unter Gorm dem Alten (Gorm den Gamle) erneut eine energische, gut organisierte Königsherrschaft, deren Zentrum in Jelling in Jütland lag. Gorms Sohn, Harald I. „Blauzahn" (dän. *Harald Blåtand*, um 910−987), wird die Ehre für die Reichssammlung und Christianisierung des Landes zugesprochen, ab 970 wird er auch als König von Norwegen genannt. In seine Regierungszeit fallen Großprojekte wie das Aufwerfen des mächtigen Grabhügels in Jelling, der Bau einer 700 Meter langen Brücke bei Ravning Enge an der Straße nach Jelling sowie die Errichtung der vier großen, dänischen Ringfestungen: in Aggersborg am Limfjord im Norden Jütlands, in Fyrkat bei Hobro in Nordostjütland, Nonnebakken im Norden Fünens und Trelleborg im Westen Seelands.

Die beeindruckenden Anlagen, die um 980/81 entstanden, geben bis heute Rätsel auf. Alle haben den gleichen, streng geometrischen, Grundriss: Sie sind von einem kreisrunden, aus Holz und Grassoden errichteten Wall mit vier Toren umgeben. Die Tore bilden die Endpunkte von zwei mit Holzbohlen befestigten Hauptstraßen, die sich im Zentrum des umwallten Areals kreuzen und es in vier gleiche Teile teilen. Die vier symmetrisch angeordneten Gebäude jedes Viertels sind so angelegt, dass sie einen quadratischen Innenhof bilden. Aufgrund der erstaunlichen Regelmäßigkeit der Grundrisse geht man davon aus, dass die Festungen militärischen Zwecken dienten, möglicherweise wurden hier dänische Truppen für die Eroberung Englands trainiert. In einigen Gebäuden fand man Hinweise auf Werkstätten unterschiedlicher Handwerkszweige. Häuser, die nur wenige Funde preisgaben und in denen keine Feuerstellen nachgewiesen werden konnten, werden als königliche Verwaltungsgebäude interpretiert, in denen Steuern eingezogen und registriert wurden. Andere könnten Lagerhäuser oder Scheunen gewesen sein. Die Errichtung der Ringburgen fällt zeitlich gesehen in die letzten Regierungsjahre Harald Blauzahns, die von Auseinandersetzungen mit seinem Sohn geprägt waren.

Sven I. „Gabelbart" (dän. *Svend Tveskæg*, um 965 – 1014) folgte seinem Vater auf den Thron. Mit seinem auf Raub- und Kriegszügen in England erbeuteten Vermögen baute er die Königsmacht aus. Ab 986 war er König von Dänemark, beteiligte sich weiterhin an Raubzügen, schmiedete Allianzen, taktierte und erpresste, und wurde 1013 schließlich zum König von England erklärt. Auch sein Sohn Knút der Große wurde König von England (1016). Die politisch hoch ambitionierte Eroberungspolitik gegen England hatte mit den „traditionellen" privaten Raubzügen des 9. und 10. Jahrhunderts nicht mehr viel gemein. 1020 errang Knút die dänische Krone, mit der Rückeroberung Norwegens im Jahr 1028 stieg er schließlich zum mächtigsten Herrscher der skandinavischen Geschichte auf – in zeitgenössischen Schriften wird er *rex totius Angliae et Dennemarchiae et Norregiae et partis Suavorum* genannt. Dass er auch in (Süd-) Schweden als Herrscher anerkannt war, belegen Münzen aus Sigtuna mit der Inschrift *Cnut rex Sv[erorum]*. Knút starb 1035 in Shaftesbury, seinem nordischen Großreich war keine Dauer beschieden. Gegen Ende der Wikingerzeit verkleinerte sich das dänische Herrschaftsgebiet, die Herrschaft über Norwegen ging vermutlich bereits zu Knúts Lebzeiten verloren und in England errang die englische Königslinie 1042 wieder die Kontrolle über den Thron.

Mühselig verlief der Prozess der Staatenbildung in Norwegen. Angesichts seiner Topografie mit einer langen, von tiefen Fjorden zerfurchten Küstenlinie und einem in weiten Teilen unwegsamen Landesinneren – dessen schneereiche Gebirge nur auf wenigen Pässen im Sommerhalbjahr überquert werden konnten – war das Land nur schwer unter Kontrolle zu bringen. Bis ins 13. Jahrhundert waren alle Söhne früherer Könige erbberechtigt. Diese Regelung führte dazu, dass zeitweise mehrere Könige gleichzeitig regierten. Grob gesehen gab es zu Beginn des 10. Jahrhunderts drei große Machtbereiche: Der Osten des Landes befand sich unter dänischer Herrschaft, Nordnorwegen wurde von den Ladejarlen beherrscht, im Südwesten und Westen regierte das Geschlecht Harald Schönhaars.

Harald I. „Schönhaar" (*Harald Hårfagri*, ca. 852−ca. 933/40) wird in der Skaldendichtung und den Sagas übereinstimmend als erster Einheitskönig genannt. Seinen Beinamen erhielt er Snorri zufolge, weil er geschworen hatte, sein Haar so lange nicht zu pflegen, bis er Norwegen unterworfen habe. Seinem Schwur war die Werbung um Gyda Eiríksdóttir vorangegangen, die eine positive Antwort daran geknüpft haben soll, ob es ihm gelänge, Norwegen als Alleinherrscher zu unterwerfen, wie das König Gorm (der Alte, gest. nach 935) mit Dänemark und König Erich (*Eymundsson*, gest. 882) mit Schweden gemacht hatte. Nach der entscheidenden Schlacht am Hrafnsfjord ließ sich Harald erstmals wieder die Haare kämmen und wurde seither „Schönhaar" genannt. In der Seeschlacht im Hrafnsfjord, unweit der heutigen Stadt Stavanger, besiegte er mehrere Kleinkönige (die traditionelle Datierung ins Jahr 872 ist wohl nicht richtig; heute geht man eher davon aus, dass die Schlacht zwischen 885 und 890 stattfand und auch nicht so bedeutend war, wie lange angenommen). Snorri schreibt dazu in der „Heimskringla": *„Nach dieser Schlacht fand König Harald keinen Widerstand mehr in Norwegen."*

Wie weit sich Haralds Herrschaft erstreckte, lässt sich kaum sagen, vermutlich reichte sie nicht über die Küste im (Süd-) Westen sowie Teile des Binnenlandes hinaus. Seinen Sohn Hákon schickte Harald zur (christlichen) Erziehung nach England an den Hof Æthelstans, dessen Reich zu den kultiviertesten in Westeuropa zählte. Ein in politischer und diplomatischer Hinsicht ausgesprochen kluger Zug. Als Hákon später König in Norwegen war, orientierte er sich am englischen Vorbild. Er war ein maßvoller und gerechter Herrscher, in den Preisliedern der Skalden (Dichter) wird seine Rolle als Gesetzgeber lobend hervorgehoben. Hákon erhielt den Beinamen der Gute, er regierte von 935 bis 961. Nach dem Tod seines Nachfolgers Harald Graumantel übernahmen die Dänen die Herrschaft in Norwegen.

Ein gewaltiger Wikinger und mächtiger König wurde Ólaf Tryggvason (968–1000). Der Sohn eines Kleinkönigs aus Vik am Oslofjord (anderen Quellen zufolge aus Oppland) verbrachte seine frühen Jahre in Russland, dann begab er sich auf Wikingfahrt gen Westen. Seinen Raubzügen widmet Snorri in der „Heimskringla" ein ganzes Kapitel: *„Darauf steuerte Olaf Tryggvissohn nach England und heerte dort weit im Lande. Er segelte weiter nach Northumberland und kriegte auch dort. Darauf fuhr er nordwärts nach Schottland und plünderte auch dort weit und breit. Er segelte dann nach den Hebriden, wo er einige Schlachten schlug, dann wieder südlich nach der Insel Man, wo er gleichfalls heerte. Weit und breit heerte er dann in Irland. Von hier ging er nach Wales und kriegte dort überall, besonders auch in der Landschaft, die Kumberland heißt. Weiter fuhr er nach Frankreich, um auch dort zu wikingern. Dann zog er wieder von Westen und hatte es auf England abgesehen. Er kam zu den Scilly-Inseln, die westlich von England liegen."*

Historisch erwiesen sind Ólafs Züge nicht. Es ist aber gut möglich, dass er der Wikingerhäuptling *Anlaf* ist, über den die angelsächsische Chronik Ende des 10. Jahrhunderts berichtet. Besagter *Anlaf* beteiligte sich 994 unter Sven Gabelbart an einem missglückten Überfall auf London. Dann heerten, brandschatzten und plünderten die beiden zukünftigen Könige in ganz England, bis ihnen der zermürbte König Æthelred von Wessex Geld für den Frieden anbot. Mit einer prall gefüllten Börse, Auslandserfahrung und getauft – als sein Taufpate wird König Æthelred von England genannt – kehrte Ólaf 995 nach Norwegen zurück, um seinen Anspruch auf die Krone durchzusetzen.

Die Voraussetzungen waren ideal: Er war berühmt für seine Kampferfolge und wurde für seine Großzügigkeit geschätzt. Sein Widersacher Ladejarl Hákon endete kläglich auf der Flucht – versteckt in einem Schweinestall soll er von seinem eigenen Knecht erstochen worden sein. Ólaf machte sich daran, das Land zu christianisieren und zu unterwerfen. Die Religion diente ihm als Mittel zum Zweck, doch seine Herrschaft war nicht von langer Dauer. Im Jahr 1000 verbündeten sich Dänenkönig Sven Gabelbart, Schwedenkönig Olof Skötkonung und die Ladejarle gegen ihn. In der Schlacht von Svolder wurde Ólaf Tryggvason besiegt, er verlor sein Leben, als er von seinem Schiff *Ormen Lange* ins Meer stürzte. Norwegen geriet erneut unter dänische Oberherrschaft, die sein Nachfolger erst 1016 abschütteln konnte.

Ólaf II. Haraldsson (später „der Heilige", 995–1030), der Sohn eines ostnorwegischen Kleinkönigs, führte die von seinem Vorgänger begonnene Christianisierung mit brutalen Mitteln fort. Auch er war jahrelang auf Wikingfahrt gewesen und hatte als reicher und großzügiger Heerführer keine Probleme, Gefolgschaft und Anhänger zu finden. Vorausschauend hatte er politische Allianzen geknüpft, war (im Winter 1013/14) in der Normandie getauft worden und erkämpfte (vermutlich) mit englischer Unterstützung die Macht in Norwegen. Die Christianisierung setzte er als Mittel ein, um seine politischen Ziele durchzusetzen, und auch Geld war durch die Raubzüge reichlich vorhanden:

„*König Olaf ließ nun einen Königshof in Nidaros errichten. Es wurde eine große Königshalle aufgebaut mit einer Tür an jedem Ende, aber in der Mitte der Halle war der Hochsitz für den König. Nach dem Innern der Halle zu, neben dem König, saß sein Hofbischof Grimkel und diesem zunächst die anderen Geistlichen. Aber auf der andern Seite, nach dem Haupteingang zu, saßen des Königs Ratgeber. Auf dem niederen Hochsitz ihm gerade gegenüber, saß der Marschall Björn der Dicke, dann folgten auf beiden Seiten die Gäste. Kamen Männer von hohem Rang zum Könige, dann erhielten sie einen Ehrenplatz.*"

Der norwegische König hielt Hof, er war jetzt Herrscher von Gottes Gnaden, Bildung und höfische Lebensart gewannen allmählich an Bedeutung. Religiöse, aber auch politische Auseinandersetzungen führten schließlich zum Aufstand gegen Ólaf. 1030 fiel er in der Schlacht bei Stiklestad in Trøndelag. Norwegen kam erneut unter dänische Herrschaft. Nach Ólafs Tod ereigneten sich solche Wunder, dass er zum Märtyrer stilisiert und heiliggesprochen wurde. Seine Parteigänger nutzten die Chance, die unbeliebte dänische Regierung abzuschütteln und Ólafs elfjährigem Sohn Magnus die Herrschaft zu übertragen. Dieser war nach Karl dem Großen, Carolus Magnus, benannt, was ein bezeichnendes Licht auf die Ideale in der Umgebung seines Vaters wirft. Ólaf wurde zum Schutzpatron eines gegen Ende des 11. Jahrhunderts endgültig geeinten, christlichen Norwegens. Fortan beriefen sich die Könige und Königsanwärter nicht mehr auf ihre Abstammung von Harald Schönhaar (und den Göttern), sondern führten sie mehr oder minder glaubhaft auf Ólaf den Heiligen zurück. Die Verbindung von weltlicher Herrschaft und Gottesmacht stärkte die Stellung des Königs und fand Nachahmer. König Knút von Dänemark, der den Märtyrertod gestorben war, wurde 1086 in der Domkirche in Odense heiliggesprochen.

In Schweden kam es nach der Herrschaft des christlichen Königs Olof Skötkonung (ca. 980–ca.1022) ab Mitte des 11. Jahrhunderts noch einmal zu Thronstreitigkeiten. Gegen Ende der Wikingerzeit war die Stellung der skandinavischen Könige weitgehend gefestigt. Wilde Horden, die zu privaten Raubzügen aufbrachen, gehörten der Vergangenheit an. Die Könige waren ambitionierte und clevere Anführer, die ihre auf Wikingfahrt erworbenen Reichtümer zielstrebig einsetzten, um an die Macht zu kommen. Die Strukturen der Kirche und internationale Allianzen nutzten sie geschickt, um ihre Herrschaft zu stabilisieren – darin unterschieden sie sich nicht von anderen europäischen Herrschern.

Wirtschaftliche Not und Überbevölkerung trieben die Wikinger außer Landes

Von Norwegen zogen sie aus, die Nordmänner, die die ersten internationalen „Schlagzeilen" als Räuber machten. Dass es ausgerechnet Norwegen war, erschien aus späterer Sicht nur allzu plausibel. Adam von Bremen beschreibt in seiner um 1075 verfassten „Geschichte des Erzbistums Hamburg" (*Gesta Hammaburgensis ecclesiae pontificum*) die geografischen und wirtschaftlichen Bedingungen des Landes, das ihm zufolge dort liegt, wo *„der Erdkreis ermattet aufhört"*: *„Norwegen ist infolge seiner rauhen Gebirge und unermeßlichen Kälte das unfruchtbarste aller Länder, nur zur Viehzucht geeignet. Man weidet dort wie bei den Arabern die Herden in entlegenen Einöden, und von solcher Viehhaltung leben sie: Die Milch der Tiere dient als Nahrung, ihre Wolle zur Kleidung. Dadurch erzieht das Land zu sehr tapferen Kriegern, die nicht durch üppige Früchte verweichlicht sind und öfter andere angreifen, als selbst von irgend jemand belästigt werden."*

In der Tat weist Norwegen, das sich von seinem südlichsten (Festland-) Punkt am Kap Lindesnes fast 3 000 Kilometer gen Norden erstreckt, extreme Landschaftsformen und Klimabedingungen auf. Die höchsten, ganzjährig schneebedeckten Gipfel messen über 2 500 Meter, und sie erheben sich unmittelbar hinter der von Fjorden zerklüfteten Küstenlinie. Über 70 Prozent Norwegens bestehen aus Bergen und Ödland, auch heute noch sind nur knapp vier Prozent des Landes als Ackerland nutzbar.

Die Fjorde greifen bis zu 200 Kilometer tief ins Landesinnere ein. So misst die Küstenlinie Norwegens über 20 000 Kilometer, zählt man die der Küste vorgelagerten Inseln dazu, kommt man auf mindestens 150 000 Kilometer. Siedlungen lagen auf den schmalen Uferstreifen unterhalb der vielerorts steil abfallenden Bergwände und auf den flachen Ebenen am Ende der Fjorde. Täler und Hochlandwiesen boten Weideland für das Vieh. Nur im Südwesten Norwegens, um den Oslofjord und weiter nördlich in der Gegend des Trøndelag, gab es weite Landstriche fruchtbaren Bodens, die sich auch für den Ackerbau eigneten. Für Adam gab es keinen Zweifel, dass die Hauptursachen für den Aufbruch der Nordmänner gegen Ende des 8. Jahrhunderts in der Landknappheit und materiellen Not zu suchen seien: „*Deshalb ziehen sie aus Mangel an Besitz in der ganzen Welt umher, bringen von Raubfahrten zur See die reichsten Güter aller Länder nach Hause und helfen so der Dürftigkeit ihres Landes ab.*"

In dem Mangel an fruchtbarem Acker- und Weideland und der daraus resultierenden wirtschaftlichen Not sah man bis in die heutige Zeit die Hauptursache für die Expansion der Wikinger.

Adams Argumente der (land-) wirtschaftlichen Not könnten auf das durch Fjorde zerfurchte, gebirgige Westnorwegen zutreffen, wo es in der Tat wenig überschüssiges, landwirtschaftlich nutzbares Land gab und gibt. Neue Untersuchungen haben ergeben, dass die ersten skandinavischen Siedlungen auf den Orkney- und Shetlandinseln, den Hebriden und den benachbarten Regionen des schottischen Festlandes noch vor Beginn der Wikingerzeit von Norwegern angelegt wurden. Auf der anderen Seite gibt es eindeutige Belege dafür, dass es im 8. Jahrhundert noch in weiten Teilen Skandinaviens große Landreserven gab, die mit dem allmählichen Anstieg der Bevölkerung erst nach und nach in die landwirtschaftliche Nutzung einbezogen und kolonisiert wurden. Während zu Beginn der Wikingerzeit schätzungsweise 100 000 Menschen in Norwegen wohnten, waren es gegen Ende

— also etwa 250 Jahre später — etwa doppelt so viele. Die Bevölkerung wuchs weiter, bis sie um 1300 bei 450 000 Menschen lag, die alle noch Platz fanden. Die Intensität der Elch- und Rentierjagd nahm seit der frühen Wikingerzeit sogar ab ebenso wie die Eisenproduktion in den Wald- und Bergregionen Südnorwegens. Nach Meinung der Archäologen widerlegt das eindeutig die gängige These der Landknappheit und Überbevölkerung.

Die Wirtschaftsgrundlage der Wikinger im gesamten skandinavischen Raum waren Viehzucht, Ackerbau und Fischfang. Die Skandinavier der Wikingerzeit waren in erster Linie Bauern und Fischer. Je nach Lage dominierte einer der primären Wirtschaftszweige. Eine große Rolle spielte die Viehzucht. *fé* – das nordische Wort für „Vieh" – bedeutet auch „Vermögen". Gehalten wurden Kühe, Schweine, Ziegen und Pferde. Im äußersten Norden Skandinaviens gab es naturgemäß kaum oder keinen Ackerbau, das Getreide wurde nicht reif und hätte sich bestenfalls als Viehfutter, nicht aber zum Brotbacken geeignet. Nach dem Bericht des wohlhabenden Kaufmanns Ottar (im 9. Jahrhundert) lag der landwirtschaftliche Schwerpunkt im Norden auf Tierzucht, Fischfang, Jagd und Handel mit Pelzen.

Günstig für Ackerbau und Viehzucht waren die Bedingungen im sanft hügeligen Dänemark, dessen höchste Erhebung 273 Meter über dem Meeresspiegel beträgt. Anders als heute war Jütland von ausgedehnten Eichen- und Buchenwäldern bedeckt. Als die Bevölkerung ab dem 11. Jahrhundert (wie in vielen Teilen Europas) zunahm, begann sich der Ackerbau auf Kosten des Waldlandes auszudehnen. Die allgemeine Verbesserung des Klimas im 11. und 12. Jahrhundert trug zur Steigerung der Erträge bei. Gute Voraussetzungen für Ackerbau und Viehzucht boten einige der großen Inseln. Vor allem Fünen und Seeland waren für ihre Fruchtbarkeit bekannt. Adam von Bremen zufolge war das Land im 11. Jahrhundert noch größtenteils unfruchtbar und brachliegend, doch die archäologischen Befunde sprechen eine andere Sprache: Dörfer und Gehöfte waren dicht über das Land verteilt, sie bildeten den Dreh- und Angelpunkt der wikingerzeitlichen Wirtschaft, die auf Ackerbau und Viehwirtschaft basierte — ergänzt durch Jagd,

Fischerei, kleinere Gewerbe und Handel. Bis zum 11. Jahrhundert war die Weidewirtschaft vorherrschend, aber die meisten dänischen Dörfer besaßen auch etwas Ackerland. Das Vieh war in Ställen untergebracht. Zu zwei Höfen im dänischen Vorbasse gehörten im 9. Jahrhundert jeweils 22 solcher Ställe, und im 11. Jahrhundert konnten mehrere Höfe bemerkenswert viele Tiere unterbringen – mindestens 50 Tiere, so schätzen die Archäologen. Da die Ackerflächen nur klein waren, werden nur wenige als Zugtiere genutzt worden sein. Man nimmt an, dass sie viel mehr Milch, Käse, Butter, Fleisch und Häute produziert haben, als auf dem Hof benötigt wurde. Die Archäologen gehen davon aus, dass der Überschuss an viehwirtschaftlichen Produkten verkauft, möglicherweise sogar exportiert wurde.

In Schweden gab es ein deutliches Nord-Süd-Gefälle. Den auch heute noch dünn besiedelten Norden Schwedens prägten Nadelwälder, nackter Fels und extrem kalte, lange Winter. Weiter südlich aber erstreckten sich neben unwegsamen Wäldern und Sümpfen auch ausgedehnte, für Viehzucht und Ackerbau nutzbare Gebiete. Die waldreichen und fruchtbaren Regionen Mittelschwedens – die heutigen Provinzen Västergötland, Östergötland und Uppland mit angrenzender Ostseeküste – waren die reichsten Gegenden Schwedens. Man lebte von Ackerbau, Viehzucht und Handel. Vor der Küste lagen die Inseln Gotland und Öland, die dank der für den Handel günstigen Lage und des gemäßigten Klimas sowie ihrer fruchtbaren Böden schon in der der Wikingerzeit vorangegangenen Vendelzeit (um 550–800) bedeutend und wohlhabend gewesen waren.

Die archäologischen Untersuchungen der vergangenen Jahrzehnte ergaben keine Hinweise, die auf eine Überbevölkerung in einer der skandinavischen Regionen schließen lassen. Einen Überschuss an jungen Männern könnte es allerdings gegeben haben. Das Land, das zu einem Hof gehörte, durfte nicht geteilt werden. Der germanischen Erbteilung zufolge erbte der älteste Sohn das ganze Land, während der bewegliche Besitz aufgeteilt wurde. Die mangelnde Möglichkeit, sich den Lebensunterhalt auf dem eigenen Hof zu verdienen, trieb die nicht-erstgeborenen Söhne aus der Heimat, bemerkt Dudo von St.

Quentin, der um 1020 die Geschichte der normannischen Herzöge verfasste. Er führte die Zeugung der (zu) zahlreichen Nachkommenschaft auf die sexuelle Unersättlichkeit der Nordmänner zurück. Auch Adam von Bremen thematisiert die sexuelle Maßlosigkeit und Vielweiberei, aus der viele Kinder hervorgingen. Diese mittelalterlichen Berichte trugen dazu bei, dass viele Forschergenerationen auch in der Überbevölkerung den Auslöser für die Expansion der Nordmänner sahen.

Die Zahl der Kinder, die geboren wurden, war ohne Zweifel groß, doch nicht alle überlebten das erste Lebensjahr. Viele Neugeborene wurden ausgesetzt, um dem Bevölkerungswachstum Einhalt zu gebieten. Nach Grabfunden wird geschätzt, dass in der Frühzeit (auch außerhalb Skandinaviens) zwischen 15 und 50 Prozent der Neugeborenen getötet wurden, denn unnütze Esser waren eine Belastung. Auch unter günstigen geografischen Bedingungen konnten strenge Winter oder nasse Sommer zu einer Hungersnot führen. Als die Isländer im Jahr 1000 offiziell das Christentum annahmen, wurde ihnen ausdrücklich erlaubt, weiterhin Kinder auszusetzen. In den gut zweihundert Jahre nach der Christianisierung verfassten Sagas finden sich einige „Aussetzungsepisoden", die in die heidnische Zeit fallen. Dass das Thema Aussetzung aber auch Jahrhunderte später noch aktuell war, beweist das Verbot der Kindesaussetzung in skandinavischen Rechtssammlungen des 12. und 13. Jahrhunderts, die belegen, dass die Praxis nicht vollständig aufgegeben war. Es waren vor allem Mädchen, die ausgesetzt wurden, weshalb vielerorts Männerüberschuss herrschte. Dieser eklatante Mangel an heiratsfähigen Frauen könnte die jungen Männer dazu gebracht haben, in die Ferne zu ziehen, um sich anderswo eine Frau zu besorgen – so jedenfalls argumentieren Archäologen von der Universität Cambridge. Ihr Ansatz wird kontrovers diskutiert.

Einigkeit besteht hingegen über die wesentliche Grundvoraussetzung für die Wikingerexpansion: Mit ihren (hoch-) seetüchtigen Schiffen hatten die Nordmänner die Möglichkeit, weite Fahrten über das offene Meer zu unternehmen, während sich alle anderen Völker

Europas noch vorsichtig entlang der Küsten bewegten – das Mittelmeer einmal ausgenommen, dessen Verhältnisse aber nicht mit denen des um ein Vielfaches raueren Atlantiks zu vergleichen waren.

Schon lange vor Beginn der Wikingerzeit unterhielten die Skandinavier ausgedehnte Handelskontakte. Die Schifffahrtswege zwischen blühenden Handelsorten wie Dorestad an der friesischen Küste, London in England und Staraja Ladoga am Wolchow waren ihnen vertraut. Auf ihren Handelsfahrten erfuhren die Nordmänner, wo Reichtümer lockten, wo politische Konflikte eine Region oder ein Land schwächten – und verfügten damit gewissermaßen über eine Art Basiswissen über Orte, Städte, Klöster oder Landstriche, die sie später überfielen. Die Zeit war günstig: Der Westen des europäischen Kontinents war zu Beginn der Wikingerzeit weitgehend ungeschützt. Weder das Reich der Karolinger noch die Könige Irlands und Englands besaßen stehende Heere, geschweige denn eine Flotte, um sich zu verteidigen. „Schutzlos wie ein Selbstbedienungsladen lag Europa da", fasst Harm Paulsen vom Haithabu-Museum die Situation zusammen.

Die Wikinger nutzten ihre Chance und schlugen zu, zunächst auf den Britischen Inseln, nach dem Tod Karls des Großen wandten sie sich verstärkt dem durch Thronstreitigkeiten geschwächten Frankenreich zu. Beute gab es reichlich, vor allem in Kirchen und Klöstern. Landen, Beute greifen und abhauen – so einfach war das, wenn man ein Schiff zur Verfügung hatte. Um aber ein Schiff bezahlen zu können, benötigte man beträchtliche finanzielle Mittel. Ein Wikinger, der Besitzer oder Teilhaber eines *knörr* oder eines *langskip* war, kann nicht mittellos gewesen sein. Wenn er über das Meer nach Westen oder Osten zog, um „Reichtümer zu erwerben", bedeutete das in der Regel, dass er noch reicher werden wollte. Bei Ulanda in Uppland wird ein Mann wegen des Reichtums, den er in die Familie einbrachte, in einem alliterierenden Vers gepriesen: *„Er fuhr beherzt, erwarb Habe/auswärts in Griechenland seinem Erben."*

Und auch die Nordmänner, die im 9. und 10. Jahrhundert als Siedler nach Island oder Grönland aufbrachen, sahen die Chance sich zu verbessern: Die Mitglieder einflussreicher Familien gewannen an

Macht, indem sie reichlich Land nahmen, es unter den eigenen Leuten verteilten und damit ihre führende Position als Häuptlinge festigten. Die einfachen Bauern hofften auf mehr oder ertragreicheres Land und damit auf mehr Gewinn, als sie zu Hause hatten. In der „Saga von Eirík dem Roten" wird von einem Isländer namens þorbjörn erzählt, der seinen Freunden erklärt, warum er nach Grönland auswandern will: *„Lange Zeit habe ich hier gewohnt und das Wohlwollen und die Zuneigung der Leute genossen. Ich darf wohl sagen, dass wir gut miteinander auskamen. Doch meine bisher ansehnliche finanzielle Lage verschlechtert sich. Daher will ich eher meinen Hof verlassen, als mein Ansehen zu verlieren, eher das Land verlassen, als meiner Familie Schande zu bereiten. Ich habe vor, das Angebot anzunehmen, das mein Freund Eirík der Rote mir machte, als wir uns im Breiðafjord voneinander trennten. Wenn alles so verläuft, wie ich es mir wünsche, werde ich im Sommer nach Grönland fahren."* Sein Vorhaben überraschte die Leute, denn er war ein angesehener und beliebter Mann. þorbjörn aber verkaufte seine Ländereien, erwarb ein Schiff und folgte Eirík dem Roten nach Grönland.

Das Leben der Siedler auf Island und Grönland war schwieriger als erwartet – auch für die ersten Landnehmer, die sich das beste Land gesichert hatten. Eklatant war der Mangel an Holz für den Haus- und Schiffbau. Schon allein aus diesem Grund ließen die Isländer den Kontakt zum skandinavischen Festland nie abbrechen. Auslandsfahrten – seien es Handelsreisen, Piratenunternehmungen oder Entdeckungsfahrten – gehörten noch lange zum Werdegang junger Männer. Ihre Fahrten waren ein wichtiger Bestandteil vieler „Isländersagas". So zieht es Gunnar (in der „Brennu-Njáls saga") und Kjartan (in der „Laxdœla saga") in die weite Welt, sie vollbringen große Taten, erlangen die Gunst und Geschenke von Königen, in deren Glanz sie sich – zurück in Island – bis an ihr Lebensende sonnen können.

Aus den schriftlichen, vornehmlich isländischen Quellen erhält man den Eindruck, dass sich jeder Sohn einer angesehenen Familie in seiner Jugend auf Wikingfahrt begab. Den Daheimgebliebenen wurde nur geringe Achtung entgegengebracht.

Das nordische Wort für „einfältig, dumm" ist *heimskr*. Es ist abgeleitet von *heimr* (Heim, Wohnsitz) und bezeichnet jemanden, der zu Hause sitzen geblieben, das heißt wenig herumgekommen ist. Die in der „Hávamál" überlieferten Verhaltensregeln lassen keinen Zweifel daran, dass ein eingeschränkter Horizont engstirnig macht:

> *„An kleinen Stränden und kleinen Meeren*
> *ist kleinlich der Menschen Sinn, ..."*

Reisen ist wichtig, nur unterwegs lernt man sich selbst und die Menschen kennen:

> *„Der nur weiß,*
> *der weithin streift*
> *und viel gereist ist,*
> *welche Gesinnung*
> *ein jeder hegt –*
> *der, welcher Verstand hat."*

Auch zweihundert Jahre nach Ende der Wikingerzeit zählten Wissbegierde und die Aussicht auf Gewinn zu den Gründen, aufzubrechen und die Welt zu „erfahren". Die Antwort eines Vaters auf die Frage seines Sohnes, weshalb die Menschen lossegeln und sich freiwillig in Lebensgefahr begeben: *„... dazu lockt sie eine dreifache Anlage des Menschen. Das erste ist die Lust am Kampf und Ruhm, denn das ist menschliche Art, dorthin sich zu begeben, wo große Gefahr zu erwarten ist, und sich dadurch berühmt zu machen. Das zweite ist Wissbegierde, denn das liegt gleichfalls in der Natur des Menschen, die Dinge zu erkunden und zu untersuchen, von denen ihm erzählt wird, und zu erfahren, ob sie so sind, wie ihm gesagt wurde, oder nicht. Das dritte ist die Aussicht des Gewinns, denn überall suchen die Menschen nach Gut, wenn sie erfahren, dass sich irgendwo Aussicht auf Gewinn darbietet, mag auch anderseits große Gefahr damit verbunden sein."* Die Antwort findet sich im „Königsspiegel" aus der Mitte des 13. Jahrhunderts. Zweifelsohne trafen die genannten Motive aber auch auf die Wikingerzeit zu.

Die meisten Nordmänner, die aufbrachen – sei es auf Kriegs-, Raub- oder auf Handelsfahrt – wird die Aussicht auf Reichtum gelockt haben. Die zeitgenössischen (fränkischen und angelsächsischen) Chroniken wimmeln von Klagen über die maßlose Geld- und Beutegier der Wikinger. Dutzende von Runensteinen sind Gedenksteine für Wikinger, die in der Ferne Reichtümer gewannen. Eine typische Inschrift lautet: *Björn var nú í vikingu at afla sér fjár ok frægðar* – „Björn befand sich damals auf Wikingerfahrt, um Reichtümer und Ruhm zu erwerben." Es gibt keine Hinweise auf eine verarmte Bauernschaft mit zu wenig Land und zu vielen Kindern.

IRRTUM 4:

Die Wikinger taten sich nur durch Kämpfen und Beutemachen hervor

Alfred der Große von Wessex hatte sein Leben lang gegen plündernde und brandschatzende Wikinger zu kämpfen. Doch trotz des Unglücks, das sie über ihn und sein Land brachten, unterschied er zwischen Räubern und Händlern. Zu Händlern, die an seinen Hof kamen, hielt der vielseitig interessierte König freundschaftlichen Kontakt.

Auf seine Veranlassung wurde die im 5. Jahrhundert von dem Spanier Orosius verfasste Weltgeschichte übersetzt und um zwei kurze Reisebeschreibungen aus Nordeuropa erweitert: In der einen berichtet der angelsächsische Kaufmann Wulfstan über seine Fahrt von Hedeby (Haithabu) nach Truso (im heutigen Polen). In der anderen erzählt Ottar (Othere) von Hålogaland von seinen Reise- und Handelsaktivitäten im hohen Norden sowie einer Fahrt ins dänische Haithabu.

Ottar kam um 890 an den Hof König Alfreds des Großen und stellte sich ihm als reicher Mann vor, der am nördlichsten von allen Nordmännern an der Küste des Atlantiks wohne (vermutlich im südlichen Bereich von Troms). Er besaß 20 Kühe, 20 Schafe und 20 Schweine, außerdem gehörte ihm eine Herde von 600 Rentieren mit sechs zahmen Locktieren, die besonders wertvoll waren, da man sie zum Einfangen von wilden Rentieren brauchte. Seine wichtigste Einnahmequelle aber war die sogenannte „Finnsteuer", die das Volk der Samen an ihn wie auch an andere Land besitzende nordnorwegische Häuptlinge entrichten musste. Die Samen bezahlten den Tribut „wie es ihrem Rang entsprach", mit Pelzen, Häuten und Daunen – im Ausland hoch begehrte und gut bezahlte Waren.

Das Land erstrecke sich noch weiter gen Norden. 15 Tage lang, so erzählte Ottar, sei er der Küste bis nach Bjarmeland am Weißen Meer gefolgt, wo große Walrossherden lebten. Die dicke Walrosshaut eignete sich gut als Material für Schiffstaue. Wie bedeutend die Walrosszähne als Handelsware und Zahlungsmittel waren, zeigen die zahlreichen, in ganz Europa gemachten Funde von Perlen aus Walrosselfenbein. Ottar beschrieb dem König auch eine Handelsreise entlang der norwegischen Küste zu dem Handelsort Skiringssal in Südnorwegen. Für diese Reise brauchte man mit gutem Wind und ohne Nachtfahrten länger als einen Monat. Von dort segelte man innerhalb von fünf Tagen nach Hedeby. Wie wichtig diese Handelsroute entlang der norwegischen Küste war, geht aus dem Namen „Norwegen" – der „Nordweg" – hervor.

Ottar betrieb Handel, mit Raubfahrten hatte er nichts zu tun. Die von ihm geschilderten Naturreichtümer bildeten die Grundlage für einen florierenden Handel und die Ausbildung einer einflussreichen Oberschicht, die ihren Reichtum nicht Raub und Krieg im Westen, sondern wirtschaftlich-landwirtschaftlichen Erfolgen verdankte. Archäologische Ausgrabungen auf den Lofoten bestätigten das Bild der historischen Quellen. In Borg auf der Lofotinsel Vestvågøy entdeckte man 1981 ein sogenanntes „Reichtumszentrum". Die Siedlung, die in der Wikingerzeit mindestens 115 Höfe umfasste, bestand vom 2. Jahrhundert bis ins 15. Jahrhundert. Das Haupthaus war 83 Meter lang, Scherben feiner vom Kontinent oder England importierter Trinkgläser und (Wein-) Kannen zeugen von internationalen Handelskontakten und großem Wohlstand.

Schon viele Jahrhunderte vor Beginn der Wikingerzeit unterhielten die Skandinavier Handelsbeziehungen bis in die fernsten Länder der damals bekannten Welt. Von herausragender Bedeutung war Helgö, eine Insel im schwedischen Mälarsee mit direktem Zugang zur Ostsee. Wie weitreichend die Kontakte und Fernbeziehungen dieses vom 3. bis zum 9. Jahrhundert existierenden Handels- und Handwerkerzentrums waren, wurde klar, als man im Juli 1956 bei Ausgrabungen auf die kleine (nur 8,4 Zentimeter große), mit hoher Wahrscheinlichkeit in Nordindien/Pakistan hergestellte Bronzefigur eines Buddhas stieß, die im ausgehenden 8. oder im 9. Jahrhundert nach Skandinavien gelangt war. Die wirtschaftlichen und kulturellen Kontakte zwischen Skandinavien und Asien blieben erhalten, auch nachdem Helgö im 8. Jahrhundert seine Bedeutung verloren hatte und von dem ebenfalls im Mälarsee gelegenen Birka abgelöst worden war.

Zu dieser Zeit entwickelten sich in Skandinavien weitere bedeutende Handelszentren an Knotenpunkten von Verkehrsadern, die sich sowohl von See aus wie auch über Land gut erreichen ließen. Der regelmäßige Grundriss mit schnurgeraden Straßen spricht für die planmäßige Anlage der meisten Handelsplätze. Sie dienten als Umschlagplatz für Pelze, Daunen, Wachs, Honig, Walrosszähne und Sklaven, den begehrtesten Exportgütern aus dem Norden. Die Skandinavier selber waren vor allem an der Einfuhr von Luxuswaren interessiert. Dazu zählten Brokate aus Byzanz, feine Wollstoffe aus Friesland, Weißwein aus dem Rheingebiet, feines fränkisches Glas sowie Edelmetalle. Textilfunde aus persischen Seidenstoffen, die sich im Schiffsgrab von Oseberg (um 834) fanden, sprechen für regelmäßige Handelskontakte bis in den Orient. Neueren Untersuchungen zufolge könnten Seidentextilien aus dem Schiffsgrab in Gokstad (spätes 9. Jahrhundert) aus dem fernen China stammen.

Die Reichen und Mächtigen begehrten Gold, das der äußeren Prachtentfaltung diente. Leichter zugänglich war allerdings Silber. Im 9. und 10. Jahrhundert gelangten riesige Mengen Silber aus den Silberminen Zentralasiens nach Skandinavien. Meist kam das Silber in Form von Münzen, aber auch als Brosche, Armring, Schale oder Kruzifix in den Norden. Der Wertmaßstab war das Gewicht. Wenn ein Wikinger Wechselgeld brauchte, zerhackte er kurzerhand Münzen oder Schmuckstücke. Hatte man genug sogenanntes „Hacksilber" gesammelt, konnte man es zu Barren einschmelzen, die ein einheitliches Gewicht hatten. Zum Wiegen der Edelmetalle benutzte man eine kleine Klappwaage mit einem zusammenfaltbaren Balkenarm und zwei Waagschalen aus Bronze. So eine Waage ließ sich in einem Lederbeutel oder einer Bronzedose verstauen und leicht auf Reisen mitnehmen. Waagen gehören zum typischen Fundort der wikingerzeitlichen Handelsplätze. Im Hafen von Haithabu hat man mehrere Exemplare gefunden. Funde von Waaghalbfabrikaten des 10. Jahrhunderts belegen, dass diese auch vor Ort gefertigt wurden.

Haithabu gehörte zu den bedeutendsten Handelsplätzen der Wikingerzeit. Bereits zu Beginn des 8. Jahrhunderts hatten sich zunächst friesische Kaufleute am Haddebyer Noor, einer Bucht am Südufer der Schlei niedergelassen, um Handel zu treiben. Die Lage war ideal für den Schiffsverkehr wie auch für den Warentransport über Land: Der Handelsplatz lag geschützt im Landesinnern, war aber über die Schlei direkt mit der Ostsee verbunden. Von der Nordsee gelangte man auf den schiffbaren Flüssen Eider und Treene bis nach Hollingstedt, 16 Kilometer westlich von Haithabu. Für das Stück über Land mussten die Waren auf Fuhrwerke oder Packtiere umgeladen werden. Damit ersparte man sich den gefährlichen und zeitraubenden Weg um den Skagerak, die Nordspitze Jütlands.

Haithabu, das fast die gesamte Dauer seines Bestehens zum dänischen Reich gehörte, findet in arabischen Berichten Erwähnung ebenso wie in isländischen Sagas oder in dänischen, fränkischen und angelsächsischen Chroniken. In skandinavischen Quellen wird der Handelsplatz meist Hedeby/Heithabyr (Ort an der Heide) genannt. In fränkischen und sächsischen Quellen liest man Sliasthorp und später Sliaswich (Ort an der Schlei).

Zu seinem Schutz wurde der blühende Handelsplatz Mitte des 10. Jahrhunderts mit einem halbkreisförmigen, zum Haddebyer Noor hin offenen Wall umgeben, der ein Siedlungsareal von fast 25 Hektar umschloss. Im Schutze des Walls lebten im 10. Jahrhundert etwa 1 000, möglicherweise auch mehr Menschen – in jedem Fall eine für nordische Verhältnisse sehr große Einwohnerzahl. *„Die Stadt ist sehr groß* *und liegt am äußersten Ende des Weltmeeres"*, berichtet der arabische Kaufmann und Diplomat At-Tartûschi (aus Tortosa in Spanien), als er in der zweiten Hälfte des 10. Jahrhunderts nach Haithabu reist. Die Bevölkerung war ein buntes Gemisch vielfältiger Kulturen: Friesen, Dänen, Schweden, Norweger, Sachsen, Franken und Slawen wohnten zeitweise in der Stadt und betrieben ihre Geschäfte. Auch Handwerker arbeiteten hier. Nachgewiesen werden konnten Schmiede, Bronzegießer, Schuster, Töpfer, Kammhersteller, Bernsteinschleifer, Glasperlenmacher und Schiffszimmerleute.

Den Befestigungsanlagen zum Trotz hielt Haithabu den feindlichen Angriffen nicht stand. 1050 ging das Wirtschaftszentrum nach der Eroberung durch den norwegischen König Harald den Harten in Flammen auf. Die Zerstörung durch slawische Truppen im Jahre 1066 leitete den endgültigen Untergang Haithabus ein. Haithabu wurde abgelöst – die am Nordufer der Schlei gelegene Nachfolgesiedlung ist die Keimzelle des heutigen Schleswig.

„... *viele vermögende Händler, Überfluß an Waren aller Art und viel Gold und Schätze*" gab es auch im schwedischen Birka, das Bischof Rimbert in der um 876 verfassten „Vita Anskarii" beschreibt. Der auf der Insel Björkö (Birkeninsel) im Mälarsee gelegene Handelsort gewann mit dem Niedergang Helgös ab Mitte des 8. Jahrhunderts an Bedeutung. Zu jener Zeit war der Mälarsee noch eine Bucht der Ostsee, der Wasserspiegel lag im Verhältnis zum Niveau des Landes etwa fünf Meter höher als heute. Dank der günstigen und zugleich geschützten Lage (rund 30 Kilometer westlich des heutigen Stockholm) nahm der Handel einen raschen Aufschwung: Über verschiedene Seen und Flüsse gelangte man mit dem Boot, zu Pferd und zu Fuß in die pelzreichen Jagdgründe im Norden. Richtung Süden segelte man über den Mälarsee in die Ostsee nach Gotland und Haithabu, von hier aus ging es weiter nach England und Friesland. Richtung Osten erreichte man den Finnischen Meerbusen und fuhr weiter bis zur Wolga.

Eng waren die Verbindungen nach Dorestad (über Haithabu). Rimbert berichtet von einer vermutlich durch den Handel ihres Mannes wohlhabenden Frau in Birka, die ihre Tochter Catla beim Herannahen des Todes bittet, sie möge ihren ganzen Besitz verkaufen und – da es in Birka nur wenige Bedürftige gäbe – mit dem Geld nach Dorestad fahren, um es dort an Kirchen, Geistliche und Arme zu verteilen.

Seinen Wohlstand verdankte Birka möglicherweise dem Eisenexport, vor allem aber dem Pelzhandel. Der Adel, die hohen Geistlichen und reichen Kaufleute Europas waren begierig nach nordischen Pelzen, mit denen sich Macht und Reichtum so prunkvoll zur Schau stellen ließen.

Ein Ringwall und eine Höhenburg schützten den auf einer Landzunge gelegenen Handelsplatz, der in seiner Blütezeit etwa 900 Einwohner zählte. Die Erdwälle, die die Festung (Borg) umgaben, sind noch heute auf der felsigen Anhöhe über der heute verschwundenen Siedlung zu erkennen. Die Befestigung der Handelsplätze war notwendig, denn dort, wo Handelswaren und Reichtümer gehortet wurden, drohten Überfälle von Räubern. Zeuge eines solchen Überfalles wurde Ansgar, der 829 als Missionar nach Birka kam. Als dänische Wikinger mit 21 Schiffen vor der Stadt auftauchten, flohen die ansässigen Händler und Einwohner *„voller Entsetzen in die benachbarte Burg",* deren Reste heute noch zu sehen sind.

Jenseits des Siedlungsplatzes erstreckten sich mehrere große Gräberfelder. Einige der Grabstätten waren mit reichen Beigaben ausgestattet, darunter Seide- und Brokatstoffe aus Byzanz und China, gläserne Spielsteine und Kelchgläser aus dem Frankenreich oder feine, blaue Wollstoffe aus Friesland. Über das Gräberfeld verstreut fand man Münzen aus arabischen Ländern. Der Silberstrom versiegte jedoch zu Beginn des 11. Jahrhunderts. In dieser Zeit verlor Birka an Bedeutung. Der Grund hierfür wird auch in der Verlandung der Schifffahrtswege zu suchen sein. Infolge der Anhebung des Landniveaus war der südliche Verbindungsweg zum Meer seit Ende des 10. Jahrhunderts nicht mehr befahrbar. Sigtuna, das ebenfalls am Mälarsee liegt, trat die Nachfolge Birkas an, erlangte aber nie dessen Bedeutung als Handelsplatz.

Die herausragende Stellung im Ostseehandel übernahm die vor Schwedens Ostküste gelegene Insel Gotland. „Schatzkammer des Nordens" wird die (nach Seeland) zweitgrößte Ostseeinsel auch genannt, mehr als 500 der rund 800 schwedischen Schatzfunde wurden hier registriert. Die archäologischen Funde belegen Handelsverbindungen von Britannien bis nach Bagdad.

Ein kleiner Wetzstein, der im Kirchspiel Roma auf Gotland gefunden wurde, trägt eine kurze Runeninschrift: *„Ormiga, Ulfar: Griechenland, Jerusalem, Island, Serkland"* und bedeutet etwas ausführlicher ausgedrückt: Ormiga und Ulfar waren in Griechenland (das heißt im Byzantinischen Reich), in Jerusalem, auf Island und im Land der Sarazenen (vermutlich das Kalifat von Bagdad). Die Inschrift zeigt die enorme Bandbreite wikingerzeitlicher, in diesem Fall gotländischer Handelsaktivitäten.

Von Birka oder Gotland segelten die (schwedischen) Nordmänner, die in altslawischen, griechischen (byzantinischen) und arabischen Schriften „Rus" oder „Waräger" genannt werden, gen Osten – quer durch die Ostsee zum Finnischen Meerbusen. Wer sich die Wikinger bisher nur als stolze Segler auf dem offenen Meer vorgestellt hat, wird umdenken müssen. Die Wege gen Osten waren streckenweise extrem mühselig: Vom Finnischen Meerbusen ging es auf der Newa weiter zum Ladogasee. Über die großen russischen Flüsse Wolchow und Lowat gelangte man bis zu einer Stelle, an der man die Schiffe ans Ufer ziehen musste und zu Fuß von dort aus über mehrere, zum Teil kilometerlange Schleppstrecken entweder an die Quelle des Dnjeprs oder der Wolga gelangte. Über den 2 200 Kilometer langen Verlauf des Dnjepr erreichten die Waräger das Schwarze Meer. Hier folgten die Schiffe immer der Küste bis nach Konstantinopel, der Metropole des Byzantinischen Reiches. Die Wolga führte auf einer Länge von 3 800 Kilometern ins Kaspische Meer. Dort konnte man sich Kamelkarawanen anschließen, die nach Bagdad zogen, der Hauptstadt des Abbasidenkalifats, dessen geradezu märchenhafter Reichtum auf gewaltigen Silbervorkommen basierte. Spätestens seit dem 9. Jahrhundert waren skandinavische Kaufleute am Silberhandel beteiligt.

Von Kiew aus führte der Dnjepr auf direktem Weg zum Schwarzen Meer. In seinem zwischen 948 und 952 verfassten Werk „De administrando Imperio" beschrieb der byzantinische Kaiser Konstantin Porphyrogennetos die überaus gefahrenvolle und mühsame Reise, zu der man zeitig im Frühjahr, wenn das Eis schmolz, aufbrach. Zeitraubend und gefährlich waren die zahlreichen Stromschnellen. Die vierte Stromschnelle *Aeiphor* hieß nach Porphyrogennetos so, weil *„an den Steinen der Stromschnelle Pelikane hausen"*. An anderer Stelle findet sich die Übersetzung „Immerlaut", „der immer Heftige" und „Nimmersatt". Dieser berüchtigte Flussabschnitt wird auf einem gotländischen, in die Zeit um 1000 datierten Runenstein erwähnt. Die Inschrift lautet: *„Hell bemalt stellten diesen Stein auf Hegbjœrn und seine Brüder Rodvisl, Austain [und] Emund, die Steine aufgestellt haben zur Erinnerung an Rafn südlich vor Rufstain. Sie kamen weit hinein in [den] Aifor."* Die Brüder scheinen die gefährlichen Stromschnellen überwunden zu haben – bis auf Rafn, der offenbar auf dieser Fahrt den Tod fand, sei es in den Wildwassern des Dnjepr oder durch einen Angriff der dort ansässigen Petscheneggen. (Diese überfielen im 10. Jahrhundert Fürst Svyatoslav I. von Kiew und machten aus seinem Schädel einen Trinkkelch). Nach Überwindung aller Gefahren gelangten die „rusischen" Kaufleute schließlich nach Berezany am Schwarzen Meer, das sie in Richtung Byzanz (Konstantinopel) überquerten. *„So endet hier ihre mit viel Schmerz und Angst verbundene, schwierige und beschwerliche Fahrt"*, schließt Konstantin Porphyrogennetos seinen Bericht. Noch im selben Herbst kehrten sie zurück, um im folgenden Frühjahr mit der Eisschmelze wieder aufzubrechen.

Auf dem „Austvegr", den Wegen gen Osten, waren keine Äxte schwingenden Räuber oder große Armeen unterwegs, sondern überschaubare Gruppen von skandinavischen Männern, die froh waren, wenn sie selbst nicht überfallen wurden. Die Strapazen müssen sich gelohnt haben, sonst hätte man sich nicht den (Lebens-) Gefahren ausgesetzt. Sklaven gehörten im Osten wie im Westen zum Haupthandelsgut der Nordmänner. Die Handelsplätze Haithabu und Birka dienten als Drehscheibe eines groß angelegten Menschenhandels, der in schriftlichen Quellen Erwähnung findet und auch archäologisch nachgewiesen ist: An beiden Orten entdeckten Archäologen eiserne Handschellen.

Von den Teilnehmern einer Ende der 1030er Jahre von einem gewissen Ingvar angeführten Asien-Expedition kehrten nur einige wenige, möglicherweise auch keiner, nach Hause zurück. Rund zwei Dutzend Runensteine (vor allem im Gebiet des Mälarsees) belegen die Geschichtlichkeit dieses Unternehmens. Die Inschrift eines für Harald, den Bruder Ingvars (in Gripsholm, Södermanland) gesetzten Steines lautet:

> *„Sie fuhren mannhaft*
> *fern nach Gold,*
> *gaben im Osten*
> *dem Adler (Speise);*
> *sie starben südwärts in Serkland."*

Serkland ist mit Sarazenenland und Seidenland übersetzt worden. Der Begriff bezieht sich nicht auf ein bestimmtes Land, sondern verweist wohl auf die Länder südlich des Kaspischen Meeres. „Dem Adler Speise geben" bedeutet „Feinde töten" und ist eine häufige Wendung in eddischer und skaldischer Dichtung. Daraus könnte man schließen, dass es sich bei Ingvars Expedition möglicherweise um eine Kriegs- und weniger um eine Handelsfahrt handelte. Zu rauben gab es im Osten aber vor allem Sklaven, die wieder verkauft werden konnten.

Bei Veda in Uppland gibt es einen Stein für Arnmund, der „*dieses Gut kaufte, und er machte sein Geld ostwärts in Rußland*", vermutlich war er dort als (Sklaven-) Händler unterwegs, zu Hause war er Bauer.

IRRTUM 5:

Die Wikinger waren Europas grausamste Kämpfer – aber immer tapfer, aufrichtig und loyal

Nach dem Tod Ludwigs I. des Frommen herrschte im Frankenreich Bürger- und Bruderkrieg. Im Jahr 841 war sein ältester Sohn Lothar (den Annalen von St. Bertin zufolge) von Sens nach Le Mans unterwegs, *„… überall mit Plünderung, Feuer, Schändung, Kirchenraub und Eideszwang wütend, so daß er selbst die heiligen Räume nicht verschonte; denn er nahm unbedenklich alles mit, was er von Schätzen finden konnte, mochten sie auch, um sie zu retten, in den Kirchen oder in ihren Schatzkammern niedergelegt sein, indem er selbst die Priester und Geistlichen der anderen Rangstufen zu eidlichen Aussagen nötigte."* Diese Vorgehensweise eines christlichen Königs ist von der der heidnischen Wikinger nicht zu unterscheiden, es war eine grausame Zeit. Auf diese Tatsache wird gerne verwiesen, wenn es um die „Ehrenrettung" der Wikinger geht.

Das „zeitübliche Maß" an Schlachtenraserei aber scheinen die nordischen Berserker übertroffen zu haben. Eindrücklich beschrieben wird ihr Auftreten in einem Preislied auf König Harald über die siegreiche Schlacht am Hrafnsfjord (um 890). Der Skalde Þorbjörn Hornklofi, ein Gefolgsmann des Königs, schildert das Kampfgeschehen: *„Da brüllten Berserker-/Los brach die Fehde-/‚Wolfspelze' wild heulend/ Wurfspeere schwenkten."* Ausführlicher beschreibt Snorri Sturluson in der „Ynglinga Saga" (um 1230) die Krieger Odins, die in der vordersten Schlachtreihe stehen. Während die Gegner von Schrecken wie gelähmt sind, kämpfen die Berserker *„... ohne Brünnen, und sie waren wild wie Hunde oder Wölfe. Sie bissen in ihre Schilde und waren stark wie Bären oder Stiere. Sie erschlugen das Menschenvolk, und weder Feuer noch Stahl konnte ihnen etwas anhaben. Man nannte dies ‚Berserkergang', auf ihrem Weg alles niedermähend, unverwundbar durch Feuer und Eisen."*

Den altnordischen Quellen zufolge hatten viele Könige und Fürsten eine Schar Berserker in ihrem Heer, persönliches Ansehen genossen sie aber nur selten. In den isländischen Sagas treten sie mehrfach als gemeingefährliche Verbrecher auf, die ihre Umgebung in Angst und Schrecken versetzen wie etwa in der „Vatnsdœla saga": *„Kurz darauf fuhr ein weiteres Schiff ein, auf dem zwei Berserker waren. Beide hießen Hauk und verfeindeten sich sofort mit den Leuten, denn sie erpressten mit Gewalt Frauen oder Geld, und wer nichts hergeben wollte, wurde zum Holmgang aufgefordert. Sie heulten wie Wölfe, bissen in die Ränder ihrer Schilde und liefen mit nackten Füßen durchs Feuer."*

Das altnordische Wort Berserker übersetzt man in der Regel mit „Bärgewand" (von *ber* = Bär und *serkr* = Fell, Hemd), auch die Bezeichnung *Ulfhedhnar*, der „Wolfsgewandige", kommt vor. Darüber, wie die Berserker in die Schlacht zogen – ob mit einem Bären- oder Wolfsfell bekleidet, (halb-) nackt oder in Rüstung – gibt es unterschiedliche Darstellungen. Ein Pelz wirkte in jedem Fall erschreckend und unmenschlich, das Heulen konnte den furchterregenden Eindruck noch verstärken.

Einer populären Meinung zufolge versetzten sich die Krieger durch die Einnahme von halluzinogenen Pilzen in die sprichwörtliche (er wütet wie ein) Berserker-Raserei. Der Verzehr des Fliegenpilzes, der auf Island noch heute Berserkjarsveppur (isl. *sveppur* = Pilz) heißt, verursacht rauschartige Vergiftungserscheinungen, die einhergehen mit Gefühlen von euphorischem Glück, Depressionen und Angst ebenso wie starker motorischer Unruhe, überdurchschnittlichen Leibeskräften und Muskelkrämpfen. Wegen seiner Ekstase auslösenden Eigenschaften wurde der Fliegenpilz in manchen Kulturen als Rauschmittel verwendet. Aus dem 18. Jahrhundert sind mehrere Reiseberichte erhalten, in denen der Fliegenpilzgebrauch verschiedener Völker ausführlich geschildert wird. 1784 stellte der Schwede Samuel Ödman die Hypothese auf, dass die altnordischen Berserker Fliegenpilze eingenommen hätten, um in Kampf-Raserei zu verfallen. Sein Versuch, den in der altnordischen Literatur vielfach erwähnten, sogenannten „Berserkergang" zu erklären, fand großen Anklang. Heute weiß man allerdings, dass Tobsuchtsanfälle nicht zum charakteristischen Erscheinungsbild einer Fliegenpilzvergiftung gehören.

Die Neigung zum Ausrasten wurde von den Sagaschreibern als „Unglück" empfunden. In der „Vatsdœla saga" heißt es von einem der Ingimundsöhne: „*Über Thorir kam bisweilen der Berserkergang; das betrachtete man als ein großes Unglück.*" Die negativen Gefühle gegenüber diesen unberechenbaren Kampfmaschinen bezogen sich auf den Alltag, der Kampfeswut in der Schlacht stand man hingegen positiv gegenüber.

Respekt und Bewunderung für den Mut, die Tapferkeit und die Kriegstüchtigkeit der Nordmänner klingt bei den fränkischen und angelsächsischen Chronisten an, wenn etwa die „Annales Vedastini" berichten, dass nur wenige Normannen im Jahr 882 an der Somme ein ganzes christliches Heer in die Flucht geschlagen hätten.

Die Tapferkeit vieler Krieger ist unbestritten, allerdings ist sie nur ein Aspekt der facettenreichen Wirklichkeit. In anderen, vor allem den nicht-nordischen Quellen treten weniger positive Charakterzüge und Handlungsrichtlinien in den Vordergrund.

Liest man die zeitgenössischen Chroniken, wird deutlich, dass die Wikinger einem Kampf – Mann gegen Mann – aus dem Wege gingen, wenn es möglich war. Die Überfälle der frühen Wikingerzeit liefen alle nach dem gleichen Plan ab: heimlich landen, Beute abgreifen und sich davonmachen, bevor der Gegner den Widerstand organisieren konnte. Es bestand kein Interesse, dem Feind von Angesicht zu Angesicht entgegenzutreten und sich mit diesem „mannhaft" im Kampf zu messen. Es ging ihnen darum, auf möglichst gefahrlose Weise möglichst reiche Beute zu machen. Nüchtern notiert Regino, Abt des von den Wikingern überfallenen Benediktinerklosters Prüm, in seiner zu Beginn des 10. Jahrhunderts verfassten Weltchronik: *„Nicht an Kampf, sondern an Beute denken sie."*

In den mittelalterlichen Sagas werden Beispiele genannt, in denen die Räuber weit über das Ziel des reinen Beuteerwerbs hinausschossen und die Lust am sinnlosen Zerstören und Töten deutlich wird.

Zu den typischen Elementen eines Überfalls gehörte die *Brenna*, das Niederbrennen des Hauses, in dem sich die Bewohner aufhielten und darin umkamen. In der „Saga von Egill Skalla-Grímsson" findet sich die Beschreibung einer solchen Brandschatzung: Egill und seine Leute werden im Verlauf eines Wikingerzuges in Kurland gefangen genommen und eingesperrt, können sich aber nachts befreien und die Schatzkammer des Hausherrn plündern. Während die Männer mit der Beute zum Schiff zurückkehren, empfindet es Egill als unehrenhaft, sich heimlich davonzuschleichen, ohne den Bewohnern bekannt zu geben, was geschehen ist. Er setzt die Truhe mit den erbeuteten Schätzen ab und kehrt allein zum Gehöft zurück. Unbeachtet von den Hofbewohnern betritt er die Küche, nimmt einen brennenden Balken vom Feuer und stößt ihn in das Dach, das sofort zu brennen beginnt. Diejenigen, die aus dem Haus zu fliehen versuchen, erschlägt er *„sowohl in der Tür als auch draußen vor der Tür, und es war nur ein Augenblick, da brannte die Wohnhalle, so dass sie zusammenfiel. Da kam die ganze Schar um, die dort drinnen war ..."*

Spätestens bei dieser Beschreibung muss man feststellen, dass Begriffe wie Ehre und Tapferkeit recht unterschiedlich interpretiert werden können. Wie ehrenvoll war es, zurückzukehren und den Raub mit dem Verbrennen einer ganzen (schlafenden) Hofgemeinschaft zu krönen, und diejenigen, die sich (nackt und unbewaffnet?) aus dem Inferno retten wollen, zu erschlagen? Die christlichen Autoren der Sagas, die zwei- bis dreihundert Jahre nach den Ereignissen schrie-

ben, schildern Begebenheiten wie diese bemerkenswert neutral. Der
(christlich) erhobene Zeigefinger fehlt, es lag den Autoren daran, die
mündliche Überlieferung in den Vordergrund zu stellen, als wäre das
Geschilderte die reinste überlieferte Wahrheit. In der Tat scheint es
auf Island einen (in mehreren Sagas erwähnten) Rechts- und Moral-
kodex gegeben zu haben, der besagte, dass ein Totschlag kein Mord
war, wenn man ihn unmittelbar nach der Tat öffentlich bekannt machte und sich nicht feige davonstahl. Es ist nicht auszuschließen, dass es
für Egill tatsächlich eine Frage der Ehre war, nicht heimlich abzuhau-
en. Genauso gut kann es aber auch sein, dass ihn die Lust am Totschla-
gen überkam. Egils hitzköpfige Art, zu handeln und in Kampfraserei
zu verfallen, erinnert stark an das Verhalten von Berserkern, das Ber-
serkertum lag ihm gewissermaßen im Blut. Sein Großvater Úlf war
ein Berserker, der zwar in den normalen Bauernalltag integriert war,
aber abends abweisend und unfreundlich wurde: „... *er war abend-
schläfrig. Die Leute meinten, dass er seine Gestalt wechseln konnte; er
wurde Kveld-Úlf, Abend-Wolf, genannt.*" Bei einem in der „Egils saga"
beschriebenen Holmgang treten die Berserkerzüge des Titelhelden
klar zutage. Der Kampf zwischen Egill und Atli zog sich in die Länge,
die Schilde wurden unbrauchbar, die Schwerter bissen nicht mehr:
„*Da ließ Egill Schwert und Schild los und lief auf Atli zu und packte ihn
mit den Händen. Da zeigte sich der Unterschied an Kraft und Atli fiel auf
den Rücken, Egill aber beugte sich zu ihm hinunter und biss ihm die Kehle durch.*"
Aufschlussreich sind die zeitgenössischen Berichte der angelsächsischen und fränkischen Chronisten über die Angriffe und Kampfwei-
sen der Nordmänner. Die zunächst nur von wenigen Schiffen unter-
nommenen (privaten) Blitzangriffe gegen England und das Frankenreich entwickelten sich im Verlauf der Jahre zu großen Unternehmungen mit Dutzenden, mitunter auch Hunderten von Schiffen, die zum
Teil von Königen angeführt wurden. Während die Räuber zu Beginn
der Wikingerzeit den Winter zu Hause verbrachten, begannen sie sich
ab 840 in Irland, England und im Frankenreich in befestigten Winter-
lagern auf Inseln vor der Küste oder in Flüssen festzusetzen. Im Jahr

884 ließen sich marodierende Nordmänner an der Somme nieder, ein Alptraum für die umliegenden Regionen, der zermürbte König Karlmann bot ihnen Geld an. In der karolingischen „Reginonis Chronica" sind die Ereignisse festgehalten: „... *bald brennen die Herzen dieses gierigen Volkes nach dem Empfange des Geldes, sie erheben 12 000 Pfund reinen und geläuterten Silbers und versprechen auf ebenso viel Jahre den Frieden. Nachdem sie eine so ungeheure Summe erhalten hatten, lösen sie die Taue von dem Ufer, besteigen ihre Schiffe und eilen nach den Seegestaden zurück."*

So einfach konnte das Beutemachen sein. Das altenglische Gedicht „The Battle of Maldon" schildert den Zusammenstoß zwischen einer englischen und wikingischen Streitmacht. Die im späten 10. oder frühen 11. Jahrhundert verfassten Verse geben die Forderungen des Wikingerboten an den Herrscher von Essex wider: *„Kühne Seefahrer haben mich zu euch gesandt und mich beauftragt euch zu sagen, daß ihr schnell Schätze senden müßt, um Frieden zu erhalten; es wird besser für euch sein, euch mit Schätzen vom Angriff freizukaufen, statt euch mit so wilden Männern wie uns im Kampfe zu messen. Wir müssen einander nicht umbringen, wenn ihr reich genug seid. Für Gold sind wir zum Waffenstillstand mit euch bereit."*

So führte der spätere norwegische König Ólaf Tryggvason seine Leute anno 991 an die Themse und forderte Geld oder Leben. König Æthelred zahlte 10 000 Pfund Silber, damit die Nordmänner wieder abzogen. Nur wenige Jahre später kostete ihn das Ende der Belagerung von London 16 000 Pfund Silber. Während Ólaf Frieden mit dem englischen König schloss und sich fortan (mit gut gefülltem Geldbeutel) um seine (Thron-) Angelegenheiten in Norwegen kümmerte, führte Sven Gabelbart, mit dem er wohl zeitweise gemeinsame Sache gemacht hatte, die erpresserischen Wikingeraktivitäten fort. 1003 vereinten sich die skandinavischen Wikinger unter dem Dänenkönig und zogen erneut gegen das wohlhabende, aber schwache England, das nur zu gerne bereit war, sich von der Gefahr freizukaufen. Die erpressten Summen steigerten sich. Zeitgenössischen Quellen zufolge wurde im Jahre 1007 der stattliche Betrag von 36 000, 1012 dann 48 000 Pfund Dänengeld bezahlt.

Eine weitere Einnahmequelle bot die Freilassung von Gefangenen gegen Lösegeld. Für Grafen und Bischöfe wurden hohe Summen bezahlt. Das Lösegeld für den Abt von Saint-Denis im Jahr 858 betrug stattliche 686 Pfund Gold und 3 250 Pfund Silber. *„Um dies zu bezahlen, wurden auf Geheiß des Königs viele Kirchenschätze leergeräumt."* Dort, wo es (in den Kirchen) wenig Gold und Silber zu rauben gab, wie in Irland und vor allem in Osteuropa, wurden Gefangene gemacht und in die Sklaverei verkauft. Raub und Handel gehen hier nahtlos ineinander über. Die Handelsweise der Nordmänner, so der Historiker E. A. Freeman, war weder heroisch noch stolz, sie „schielten schlicht nach Gold".

Geld hatte in der wikingerzeitlichen Gesellschaft einen hohen Stellenwert. Ein Anführer brauchte Geld, schönen Schmuck oder prachtvolle Kleidung, um seine Männer zu bezahlen und zu halten. Loyalität wurde dem gewährt, der besser bezahlte. Das galt nicht nur für Männer auf Wikingfahrt, sondern ebenso für die Krieger und Gefolgsleute des Königs. So warb Knút der Große die Verbündeten seines Gegners Ólaf Haraldsson (dem Heiligen) dadurch ab, dass er ihnen durch Kundschafter Geld- und Freundschaftsangebote machte. *„Viele ließen sich auf die Weise verleiten und verkauften ihre Treue …"*, kommentiert Snorri Sturluson das Geschehen zweihundert Jahre später.

Die Abhängigkeit von materiellen Zuwendungen oder gewinnbringenden Beutezügen führte zu häufig wechselnden Loyalitätsverhältnissen, die Wikinger unterstützten den Anführer, Häuptling oder König, der den größten Gewinn (an Geld oder Macht) versprach. Der Historiker Horst Zettel interpretiert die fehlende Loyalität und die damit einhergehende Geschäftstüchtigkeit der Normannen als *„Fähigkeit … eine gegebene Situation mit einem Blick richtig einzuschätzen und die entsprechenden Konsequenzen daraus zu ziehen"*. Er bescheinigt den Wikingern einen beeindruckenden Realitätssinn, fern jeder Heldenromantik.

Jede Chance, auch ohne Kampf ans Ziel (die Beute) zu gelangen, wurde von den Nordmännern beherzt ergriffen. Städte und Regionen, die sich weigerten, sogenanntes „Danegeld" zu zahlen, wurden belagert, geplündert und angezündet. Wurde der geforderte Tribut bezahlt, zogen die Erpresser kampflos mit ihrer Beute ab. Es ging den Wikingern nicht um Kampf und Ehre, sondern um Geld. Vor Ort nahm man sich Zeit für Verhandlungen, Schonung konnte sogar für einzelne Gebäude ausgehandelt werden. So ließen die Dänen nach einem Bericht der „Annales Bertiniani" in Paris von allen Kirchen allein die Kirche des heiligen Dionysius unversehrt, für die eine stattliche Summe Silber bezahlt worden war.

Die Vertragstreue hing natürlich vom Charakter der vertragschließenden Person ab, aber generell kann man wohl davon ausgehen, dass niemand so riesige Summen gezahlt hätte, wenn er notorisch betrogen worden wäre. Man zahlte in der mehr oder minder berechtigten Hoffnung, von den plündernden und mordenden Nordmännern verschont zu werden.

In den zeitgenössischen Quellen findet man dennoch viele Beispiele für Vertragsbrüche. 873 berichtet ein fränkischer Chronist, dass die Nordmänner entgegen der Absprache zwar ihre Schiffe bestiegen, sich aber nicht aus dem Reiche entfernten, *„wie sie gelobt hatten, sondern in derselben Gegend verbleibend verübten sie noch viel schlimmere und unmenschlichere Dinge, als sie zuvor getan hatten"*. Die Seine-Region blieb trotz hoher Tributzahlungen noch mehr als ein Jahrhundert lang Einfallgebiet von plündernden Wikingerscharen.

Neu hinzu kam das Interesse der Nordmänner an Landbesitz. 876 kam es in Northumberland nach jahrelangen, zermürbenden Kämpfen zu einem Vergleich. Die Wikinger schworen, das Land zu verlassen, was ihren Anführer Halfdan jedoch nicht davon abhielt, sich noch im gleichen Jahr in Northumberland festzusetzen und das Land unter seinen Leuten aufzuteilen. Auch der berühmte Rollo, der als Gründer der Normandie in die Geschichte eingegangen ist, ist kein Paradebeispiel für einen Ehrenmann. Der Friedensvertrag mit dem fränkischen König Karl dem Einfältigen, der ihn 911 mit der Gegend um Rouen belehnte, hinderte ihn nicht daran, weiterhin marodierend durch die Lande zu ziehen. Chronisten verzeichneten Überfalle in der Bretagne, in Aquitanien, in der Auvergne und Burgund. Die Forderung nach Land führte 924 zur Überlassung weiterer Gebiete. Die Grafschaft Rouen bildete den Ursprung der heutigen Normandie. Von fränkischen Chronisten wird „dux Rollo" (Herzog Rollo) als beutegieriger und grausamer Anführer von Piraten beschrieben.

Für viele Nordmänner waren die Wikingfahrten irgendwann zu Ende. Sie ließen sich als Bauern oder Händler auf den Britischen Inseln und im Frankenreich nieder oder kehrten in die Heimat zurück. Es gab aber auch Krieger, die nach und nach die Bindung an die Heimat verloren und nur für den Krieg lebten. Sie heerten im Frankenreich, eroberten nacheinander die angelsächsischen Königreiche Northumbria, East Anglia, Mercia, kehrten wieder ins Frankenreich zurück – eine Endlosschleife der Gewalt und Verwüstung. An Land waren sie nicht interessiert, sie horteten Silber und Schätze, für die sie im Grunde keine Verwendung hatten. Ihre Grausamkeit und Zerstörungswut machte sie zu einer sozialen Gruppe, die nicht mehr integrierbar war.

Die Wikinger, die Jahrhunderte später in den „Isländersagas" beschrieben wurden, waren ein anderer Menschenschlag mit einem festen Platz in der Familie. Es gehörte zur Ausbildung eines jungen Nordmanns, in die Welt zu ziehen, tapfer und mutig (mit Waffen und mit Worten) zu kämpfen, auch mal grausam und etwas hitzköpfig zu sein, dann aber mit Geld, (Königs-) Geschenken und großartigen Geschichten im Gepäck auf den heimatlichen Hof zurückzukehren. Sie sind literarisch idealisierte Gestalten, federführend bei der Entstehung des Mythos vom tapferen, aufrichtigen Wikinger.

Die Frauen der Wikinger blieben zu Hause und hatten nichts zu sagen

Es gibt keinen Hinweis darauf, dass sich auf den Schiffen der Nordmänner, die seit Ende des 8. Jahrhunderts England, Friesland und etwas später auch das Frankenreich überfielen, Frauen befanden. Sie beteiligten sich nicht an den Wikingfahrten, sondern blieben zu Hause, um Hof und Kinder zu hüten, wie eine Episode in der „Laxdœla saga" zeigt:

„Eines Frühlings, heißt es, Ólaf hätte þorgerð davon in Kenntnis gesetzt, dass er außer Landes reisen wolle, … und ich möchte, dass du dich in der Zeit um unseren Hof und die Kinder kümmerst. þorgerð erwiderte, damit sei sie gar nicht einverstanden, doch Ólaf meinte, dass immer noch er der Herr im Haus sei, und kaufte ein Schiff, das weiter in Vaðil stand. Im Sommer brach er auf und landete mit seinem Schiff in Hordaland."

So wird es häufig gewesen sein, die Männer kamen und gingen, wie es ihnen gefiel, mal auf Handels-, mal auf Raubfahrt. Während ihrer oft viele Monate langen Abwesenheit aber bewirtschafteten die Frauen den Hof. Sommer und Herbst — es war die arbeitsintensivste Zeit des Jahres, in der die Männer weg waren.

Grundsätzlich wurde der Hof vom Bauern und von der Bäuerin gemeinsam bewirtschaftet, wobei allerdings ihre Arbeitsbereiche streng voneinander getrennt waren. Frauen waren für die Arbeiten im Haus zuständig. Sie bereiteten das Essen zu, sie backten Brot und brauten Bier, sie melkten die Kühe und verarbeiteten Milch und Fleisch. Auf ihnen lag die Verantwortung für die Versorgung des ganzen Hofes, im Sommer wie im Winter, im Alltag wie an großen Festen. Die Lebensmittel mussten haltbar gemacht und gut gelagert werden, damit sie nicht verdarben.

Eine zeitintensive Arbeit war die Verarbeitung der Wolle zu Garn und das Weben von Kleidung für die Hofbewohner. Darüber hinaus wurde auch für den Handel gewebt. *Vaðmal*, ein winddichter, wasserabweisender Woll(walk)stoff, war ein begehrtes Handelsgut. Isländer, die ins Ausland fuhren, hatten immer Ballen mit Wollstoff dabei: Es war ein gängiges Zahlungsmittel. In der „Sturlunga saga" kann die Buße für den Tod eines Mannes in „*Wollstoff, Gold oder gereinigtem Silber bezahlt werden".* Nur auf größeren Höfen mit Dienstvolk blieb der Hofherrin oder ihren Töchtern Zeit für Stickereien und Bildweberei. Den Runenstein von Dynna in Oppland/Norwegen setzte Gunnvor zum Gedenken an ihre Tochter Astrid: „*Sie war das geschickteste (handfertigste) Mädchen in Hadeland",* fügte sie stolz hinzu.

Die Frau des Bauern, die *húsfreyja,* hatte als Hausherrin eine privilegierte Stellung. Symbol für ihre Stellung war der Schlüsselbund, der ihr überreicht wurde, wenn sie als frisch vermählte Ehefrau auf den Hof kam. Diese Schlüssel gehörten zu den Truhen mit persönlichen Kostbarkeiten und zur Speisekammer. Während der Abwesenheit des Mannes war sie Chefin auf dem Hof, sie bestimmte über Knechte und Sklaven und alle Arbeiten, die zu erledigen waren. In der „Brennu-Njáls saga" stellt Bergthora, die Frau Njáls, einen Mann ein. Auf seine Frage, ob sie überhaupt etwas zu sagen hätte, antwortet sie*: „Ich bin Njáls Frau ... und dinge Gesinde so gut wie er."*

In der „Svarfdæla saga" wird von einer Frau erzählt, die die Wirtschaftsaufsicht auf dem Hof Brekka hatte und zusätzlich — was ungewöhnlich war — den Schäferposten im Hochland übernahm. Tüchtig und hart im Nehmen scheint die Frau gewesen zu sein: Während der Arbeit entband sie auf freiem Feld zwei Jungen, ließ sich dadurch aber nicht von der Arbeit abhalten. Am Abend brachte sie die Zwillinge mit den Schafen nach Hause, wo ihre Tochter die Neugeborenen versorgte.

Waren die Männer zu Hause, kümmerten sie sich in der Regel um alle außerhalb des Hofes anfallenden Tätigkeiten. Sie bestellten die Felder, sorgten für Holzvorräte, sie betrieben Jagd und Fischfang. Sie bauten Häuser, schmiedeten Waffen und Werkzeuge. Die Rechte und Pflichten von Frauen und Männern unterschieden sich in allen Gebieten des Lebens. Doch während es für die Frau möglich und nicht selten auch notwendig war, die genau definierten Grenzen in die Welt des Mannes zu überschreiten, wenn sie den Hof in seiner Abwesenheit oder nach seinem Tod weiterführte, war es umgekehrt für den Mann undenkbar, die Rolle und die Aufgaben der Frau zu übernehmen. Wenn ein Mann eine Kuh melkte oder Butter machte, wurde das als abwertend gesehen. Ein Mann, der Frauenarbeit verrichtete, war lächerlich.

Von Gleichberechtigung im heutigen Sinne des Wortes kann man nicht sprechen.

Der *bonde*, der Hofbesitzer, repräsentierte die Familie und die Hofgemeinschaft in allen öffentlichen Angelegenheiten. Es waren Männer, die die Verhandlungen auf dem Thing führten, Gesetze verhandelten, Urteile fällten, Absprachen trafen mit Fremden über Kauf und Verkauf, Frieden und Krieg.

Es waren auch Männer, die die Eheverträge und die Höhe des Brautgeldes aushandelten. Typisch ist eine Episode aus der „Saga von den Leuten aus dem Laxárdal": Der Hochzeit der fünfzehnjährigen Guðrún Ósvíffsdóttir mit einem Mann namens Þorvald – *„er war reich und kein Held"* – gingen langwierige Verhandlungen über die Vermögensfragen voraus, bis man sich einigte und den Hochzeitstermin festlegte. *„Guðrún war zu der Angelegenheit nicht gefragt worden, sie ließ allerdings ihr Missfallen deutlich spüren, blieb aber still."* Es ging nicht gut. *„Guðrún mochte Þorvald nicht"*, und nach zwei Jahren wurde die Ehe geschieden. Dank der vor der Hochzeit vereinbarten Gütertrennung bekam sie *„die Hälfte des gesamten Besitzes, und er war inzwi-*

schen größer geworden als früher". Im Falle einer Scheidung stand eine Frau also nicht mittellos da. Wenn keine anderen Vereinbarungen getroffen waren, gehörte ihr in jedem Fall die Mitgift (Geld und Land), die sie in die Ehe eingebracht hatte.

Erst unter dem Einfluss der Christianisierung wurde das Einverständnis der Braut Voraussetzung für die Gültigkeit einer Ehe. Das bedeutete einen ernsthaften Eingriff in die bestehende soziale Ordnung. Die Ehe, das heißt die gezielte Verbindung mit einer anderen ebenso reichen oder mächtigen Familie, war seit jeher als Mittel zur Förderung eigener (politischer oder finanzieller) Interessen genutzt worden. Heiraten zwischen gesellschaftlich ungleichen oder gar verfeindeten Familien konnten die Existenz gefährden. Die christlichen Sagaautoren greifen die Problematik auf, scheinen aber zwiegespalten. So finden sich viele Berichte über das elende Schicksal von Frauen, die gegen ihren Willen verheiratet wurden. Da ist beispielsweise Hallbjörn, der die für ihre schönen Haare berühmte Hallgerd geheiratet hat und den ersten Winter ihrer Ehe bei seinem Schwiegervater Odd verbringt. Über die Ehe heißt es im „Landnahmebuch" lakonisch: *„Zwischen den Eheleuten war keine Liebe."* Als Hallbjörn im Frühjahr zur Heimkehr rüstete, weigerte sich seine junge Frau, mit ihm zu reisen. Sie saß auf einem Schemel, kämmte sich ihr langes Haar und schwieg störrisch. Wutentbrannt über ihren Ungehorsam ergriff Hallbjörn ihre Haare und schlug ihr den Kopf ab. *„Dann ging er hinaus und ritt davon."*

Schlimm erging es auch Sigrid, der Frau Illugis des Roten. Über Illugi wird im „Landnahmebuch" erzählt, dass er mit seinem Bekannten Holm-Starri nicht nur seine Ländereien und alle seine Habe tauschte, sondern auch die Ehefrau. Doch der Tausch ging nicht so glatt vonstatten, wie Illugi es sich gedacht hatte, denn *„Sigrid … erhängte sich im Tempel, weil sie sich nicht von einem Mann kaufen lassen wollte"*.

Es finden sich in der altnordischen Literatur aber auch andere Beispiele. So akzeptiert Egill (in der „Laxdœla saga") die ablehnende Haltung seiner Tochter Þorgerð gegenüber Ólafs Heiratsabsichten. Als diese ihn dann aber persönlich trifft und sympathisch findet, sagt sie ja. Eine Geschichte mit Happy end, denn Ólaf und Þorgerð „... *verlieb-ten sich leidenschaftlich ineinander*", nachdem sie geheiratet hatten. Das war die Ausnahme.

Der gesellschaftliche Druck war so groß, dass man in vielen Fällen auch in christlicher Zeit nicht von einem freien Willen der Frau ausgehen kann. Eine bezeichnende Episode beschreibt Snorri in der „Heimskringla": Ólaf Tryggvason muss – um seine Interessen (die Annahme des Christentums) beim Gulathing durchsetzen zu können – den Thingmännern mit einer Geste entgegenkommen. Als diese die Ehe zwischen ihrem Anführer Erling Skjalgsson und Ólafs Schwester Astrid vorschlagen, stimmt der König unter der Bedingung zu, dass seine Schwester selbst die Antwort darauf geben solle. Astrid aber verspürte nicht die geringste Lust, sich mit einem „*niedriggestellten Mann*" wie Erling verheiraten zu lassen, sie wollte lieber noch einige Jahre auf eine ehrenvollere Werbung warten. König Ólaf ließ daraufhin einen Falken greifen, der Astrid gehörte, er ließ ihm alle Federn ausrupfen und sandte ihn seiner Schwester. Astrid verstand den Hinweis und willigte ein, seine Entscheidung hinsichtlich ihrer Heirat zu akzeptieren: „*Sie erklärte, dass sie wünsche, der König solle nach seinem Belieben über sie verfügen.*"

Es gibt andere Beispiele und Sichtweisen. So konnten arabische Zeitgenossen wie der maghrebinische Diplomat al-Ghazal („die Gazelle"), der im 9. Jahrhundert als Gesandter des Emirs von Córdoba ins Land der Nordleute reiste, über das Selbstbewusstsein nordischer Frauen nur staunen. Er beschrieb seine Reise nach Dänemark (erhalten in der Literaturanthologie des Ibn Dihya), wo er am Hofe König Horiks freundlich empfangen wurde. Die Stimmung war gut, man tauschte Geschenke aus, führte intensive Gespräche und vergnügte sich beim Bogenschießen. Der Maure verliebte sich in die Königin, er besang ihre Schönheit und bewunderte sie für ihre Klugheit. Offenbar gefiel auch er der Königin, denn sie ließ sich auf eine Affäre mit ihm ein. Als er Bedenken bezüglich ihres Ehemannes äußerte, stellte sie unmissverständlich klar, dass die skandinavischen Frauen aus freiem Willen bei ihren Männern blieben und diese jederzeit verlassen könnten. Ob sich sein Besuch am Hofe des Königs so abgespielt hat, ist nicht sicher, neueren Erkenntnissen zufolge könnten die Details aus anderen Geschichten entlehnt sein, die nichts mit den Wikingern zu tun haben. Nichts destotrotz ist diese Episode ein schönes Beispiel für die im Vergleich zu arabischen Ländern selbstbewusste Rolle der Frauen in Skandinavien und die Freiheiten, die sie sich herausnehmen konnten.

Frauen sollten am besten jungfräulich in die Ehe gehen. Doch es sieht nicht so aus, als wäre eine unverheiratete Frau, die eine Liebschaft hatte, aus ihrer Familie ausgestoßen worden oder dass es ihre Chancen verschlechtert hätte, eine gute Ehe einzugehen.

Körperliche Züchtigung der Frau seitens ihres Mannes war ein gravierendes Vergehen. In der „Brennu-Njáls saga" werden die drastischen Folgen einer Ohrfeige geschildert: Gunnar verteidigt sich in seinem Haus gegen angreifende Feinde. Als einer seiner Gegner vom Dach aus Gunnars Bogensehne entzwei haut, bittet Gunnar seine Frau Hallgerð: „ ‚Gib mir zwei Strähnen von deinem Haar ... Du und Mutter, dreht sie mir zu einer Bogensehne.'

‚Hängt irgendetwas davon ab?' fragt sie.

‚Mein Leben hängt davon ab', sagt er; ‚denn sie werden mich niemals in die Hände bekommen, solange ich den Bogen einsetzen kann.'

‚Dann ist es jetzt Zeit', sagt sie, ‚dich an die Ohrfeige zu erinnern [die du mir einst gegeben hast]. Mir ist gleichgültig, ob du dich noch kürzer oder länger wehrst.'

‚Jeder zeichnet sich auf seine Weise aus', entgegnet Gunnar. ‚Ich werde dich nicht noch einmal bitten.'"

Nach tapferer Gegenwehr wurde er von seinen Feinden erschlagen.

In der „Brennu-Njáls saga" stehen wie auch in vielen anderen Sagas (Familien-) Fehden im Mittelpunkt des Geschehens. Auf den ersten Blick sind es die Männer, die die Handlung der Geschichte vorwärtstreiben. Eine genauere Lektüre zeigt aber, dass es oftmals die Frauen sind, die durch ihren Rachedurst die jeweiligen Männer zur Fehde aufstacheln. Aus der Sicht der mittelalterlichen Sagaautoren agieren die Männer mitunter wie Marionetten in den Händen der Frauen, die an der Auseinandersetzung selber nicht beteiligt sind.

Zeitgenössische Aussagen bieten dagegen Runensteine – etwa sieben Prozent aller Inschriften gelten Frauen. Den Stein von Dynna in Oppland/Norwegen setzte eine Frau (um 1040) für eine andere Frau: *„Gunnvor, Trydriks Tochter, erbaute die Brücke zum Gedenken an Astrid, ihre Tochter."* Gunnvor ließ also nicht nur einen Runenstein setzen, sondern verfügte über genügend Mittel, um eine Brücke bauen zu lassen. Eine außergewöhnliche Frau wird Ingerun gewesen sein, die eine Runeninschrift im vorsorglichen Gedenken an sich selbst in Auftrag gab. Auf der Steinplatte von Stäket (Schweden) ist zu lesen: *„Sie will nach Osten fahren und hinaus nach Jerusalem."* Offenbar war sie nicht sicher, ob sie von ihrer Pilgerreise zurückkehren würde. Über ihr weiteres Schicksal ist nichts bekannt.

Meist werden Frauen im Zusammenhang mit einem Gedenkstein genannt, den sie für ihren verstorbenen Mann setzten. Viele dieser Runeninschriften sind dabei zugleich Dokumente über den Erbgang. In Stein geritzt liest man, wer starb und wer einen Anteil an der Erbschaft hatte. Frauen werden ebenso wie Männer namentlich genannt. Eine Inschrift lautet: *„Otrygg und Bonde und Alvrik ließen diesen Stein für Kåre aufstellen, ihren Vater, und Gunned für ihren Ehemann ..."* Witwen erbten weniger als ihre Söhne, Töchter weniger als ihre Brüder, aber sie erbten einen festgelegten Anteil.

Frauen, deren Ehemänner starben, fielen nicht wieder unter die Vormundschaft eines Mannes, sondern konnten mit ihrem eigenen Geld und Besitz wirtschaften. Sie durften ihr Leben nach eigenem Willen einrichten und sich nach Belieben wieder verheiraten, wobei allerdings – wie bei der Hochzeit oder Scheidung – das Einverständnis der männlichen Verwandten erwünscht war.

Aud die Tiefsinnige (*Auðr hin djúpúðga*) bietet das bekannteste Beispiel für eine Witwe, die mit Energie, Klugheit und Tapferkeit ihr Leben selbst bestimmte. Ihre Geschichte wird im „Landnahmebuch" wie auch in der „Laxdœla saga" (hier wird sie Unn genannt) erzählt. Sie war die Tochter des mächtigen, norwegischen Wikingers Ketil

Flachnase, der mit seiner Familie vor der tyrannischen Herrschaft Harald Schönhaars auf die Hebriden geflohen war, von wo aus die männlichen Familienmitglieder tatendurstig Wikingeraktivitäten nachgingen. Nachdem Auds Mann in Irland und ihr Sohn in Schottland im Kampf gefallen waren, nahm sie ihr weiteres Schicksal in die eigene Hand. Sie ließ ein Frachtschiff bauen, brachte eine große Menge Geld sowie alle noch lebenden Verwandten an Bord und segelte nach Island. Am Hvammfjord im Westen der Insel nahm sie Land und gab später *„mehreren Männern Anteile von ihrem Landbesitz".* Frauen scheinen demnach wie die Männer berechtigt gewesen zu sein, Land zu nehmen.

Prachtvolle Bestattungen bezeugen die hohe und geachtete Stellung, die manche Frauen in der Wikingerzeit einnahmen. Das reich ausgestattete, 1903/4 in Oseberg am Oslofjord entdeckte Bootsgrab wird als das Grab einer Königin interpretiert. Viele Frauengräber enthalten typische Beigaben wie den Schlüssel des Hofes, Haushaltsgegenstände und Geräte zur Textilherstellung. Entsprechend „schablonenhaft" wurden Männern Waffen und Gegenstände, die mit Kampf, Pferden und Jagd zu tun hatten, mit ins Grab gegeben.

Unter den skandinavischen Gräbern der Rus', die im Osten entlang der russischen Seen und Flüsse Handel trieben, erstaunt der hohe Anteil an Frauengräbern, die etwas mehr als die Hälfte ausmachen. Zu den Grabbeigaben gehörten Waagen und Gewichte. Die archäologischen Befunde sprechen dafür, dass viele von ihnen als Händlerinnen tätig waren und nicht zu Hause blieben, um Haus und Hof zu hüten.

Dass auch Frauen weit herumkommen konnten, zeigt die Lebensgeschichte von Guðríð þorbjarnardóttir. In der zweiten Hälfte des 10. Jahrhunderts auf Island geboren, ist sie in erster Ehe mit einem Norweger verheiratet. Auf dem Weg nach Grönland erleiden die beiden auf einem Riff vor der Küste Schiffbruch und werden von Leif Eiríksson von der Klippe gerettet. Die Schiffbrüchigen werden in Brattahlíð gut aufgenommen, aber Guðríðs Mann stirbt an einer ausbrechenden Seuche. Sie heiratet einen Sohn Eiríks des Roten, der aber bald nach der Hochzeit ebenfalls stirbt. Ehemann Nummer drei ist der wohlha-

bende isländische Kaufmann þorfinn Karlsefni, den sie auf eine mehr-
jährige Expedition nach Vínland begleitet. Nach ihrer Rückkehr lassen
sie sich in Island nieder, in der „Saga von den Grönländern" heißt es
weiter: *„Nach Karlsefnis Tod übernahm Guðríð die Bewirtschaftung des
Hofes gemeinsam mit ihrem Sohn Snorri, der in Vínland geboren war. Als
Snorri heiratete, fuhr Guðríð nach Norwegen und pilgerte dann nach
Süden. Als sie wieder zum Hof ihres Sohnes Snorri zurückkehrte, hatte er
in Glaumbær eine Kirche bauen lassen. Später wurde Guðríð Nonne und
Einsiedlerin und verbrachte den Rest ihres Lebens dort."* In ihrem Ge-
burtsort Laugarbrekka auf Island erinnert eine Statue an die weitge-
reiste Entdeckerin und Pilgerin, die (im Rahmen ihrer Möglichkeiten)
ihren eigenen Weg ging.

Die Wikinger waren schmutzig und ungepflegt – für Mode interessierten sie sich nicht

Der arabische Gesandte Ibn Fadlan, der den Nordmännern an der Wolga begegnete, berichtet voller Abscheu, dass sie „die schmutzigsten Geschöpfe Gottes" seien, die sich weder nach ihren Verrichtungen noch nach geschlechtlichem Verkehr säubern, und auch ihre Hände nach dem Essen nicht waschen würden. *„Sie sind also wie verirrte Esel"*, fasst er seinen Eindruck zusammen. Andere zeitgenössische Berichte entsprechen weniger den gängigen Vorurteilen. So beschreibt der arabische Geograf Ibn Rustah die skandinavischen Händler zu Beginn des 10. Jahrhunderts als gepflegte Menschen, die Wert auf ihr äußeres Erscheinungsbild legten: *„Ihre Kleider sind sauber, und die Männer schmücken sich mit goldenen Armreifen ..."* Der mittelalterliche Chronist John of Wallingford (gest. 1214) vermerkt gar mit tadelndem Unterton, dass die Dänen allzu reinlich seien, denn Eitelkeit galt in England zu dieser Zeit als Sünde. Der arabische Händler At-Tartûschi erwähnt Mitte des 10. Jahrhunderts sogar den Gebrauch von Schminke. Über die Einwohner Haithabus bemerkt er: *„Man kennt auch ein künstliches Make-up für die Augen; wenn sie es anwen-*

den, verblasst die Schönheit nicht. Im Gegenteil! Sie wird, und zwar bei
den Männern wie bei den Frauen, nur gesteigert!"

Die gegensätzlichen Beobachtungen des Händlers At-Tartûschi,
der die Wikinger in Haithabu traf, und des Diplomaten Ibn Fadlan,
der ihnen an der Wolga begegnete, sind – genau betrachtet – gar
nicht so erstaunlich, denn natürlich war es ein Unterschied, ob eine
Gruppe Männer wochenlang einem Flusslauf durch die russische
Wildnis folgte, ob ein Mann in einem reichen Handelsplatz wie Birka
oder Haithabu einem hübschen Mädchen den Hof machte oder auf
dem regionalen Thing erschien.

In den Verhaltensregeln der „Edda" heißt es:

„Sauber und satt

reite der Mann zum Thing,

auch ohne gar kostbare Kleider;

seiner Schuhe und Hosen schäme sich keiner,

auch nicht seines Pferdes,

wenn er kein Prachtstück hat!"

Nicht nur wenn es zum Thing ging, war Sauberkeit ein Thema. Der
Samstag heißt in den nordischen Sprachen seit alters her Badetag
(*laugar-dagr/lör-dag*). Im Zusammenhang mit dem St. Brice's Day
Massaker am 13. November 1002, bei dem auf Anordnung von König
Æthelred alle in England lebenden Dänen ermordet wurden, merkt
John of Wallingford an, dass man für den Angriff einen Samstag wählte, um die Dänen beim Baden zu überraschen. Auf Island, wo heiße
Quellen zum Baden einluden, wurde gerne öfter gebadet. In der „Saga von den Leuten aus dem Laxárdal" wird erzählt, dass sich Kjartan
und Guðrún oft an den warmen Quellen im Sælingsdal treffen. Der
isländische Historiker Snorri Sturluson (gest. 1241) verbrachte mit
seinen Gästen angenehme Stunden im Bad, um Neuigkeiten auszu-
tauschen, aber auch, um Politik zu machen. In der „Sturlunga saga"
heißt es: *„Eines Abends als Snorri im Bade saß, sprach man über die*
Häuptlinge." Snorris Bad, ein kreisförmiges Becken von etwa fünf Metern im Durchmesser, ist übrigens eines der beeindruckendsten ar-

chäologischen „Fundstücke" Islands. Es befindet sich in Reykholt, wo Snorri einen Großteil seines Lebens verbrachte.

In den Götter- und Heldenliedern der „Edda" ist Sauberkeit ein wichtiges Thema. Im Lied von Regin heißt es: „*Gekämmt und gewaschen sei jeder Kluge…*" Auch die beiden im Jahre 834 im Oseberghügel bestatteten Frauen scheinen auf Reinlichkeit größten Wert gelegt zu haben. Der hervorragende Zustand ihrer Zähne verriet, dass sie regelmäßig einen metallenen Zahnstocher benutzten – im 9. Jahrhundert ein wohl eher seltener Luxus. Häufige Fundstücke bei Ausgrabungen wikingerzeitlicher Stätten sind Rasiermesser, (goldene) zierliche „Ohrlöffel" zum Reinigen der Ohren, und vor allem Kämme. Letztere dienten wohl auch dem Kampf gegen die weitverbreiteten Läuse.

Viele dieser Gebrauchsgegenstände wurden aus Bein (Knochen) und aus Geweih gefertigt. Knochen wurden meist für gröbere Gegenstände wie Messergriffe verwendet. Aus Geweih — in der Regel vom Rotwild, nur in Einzelfällen vom Elch oder Rentier — wurden Kämme, aber auch Nadeln und Spielsteine hergestellt. Stolz auf die handwerkliche Qualität der Arbeit kommt in einer Runeninschrift auf einem Kammetui aus Lincoln zum Ausdruck: *Kam godan giardi Thorfastr* („Diesen guten Kamm machte Thorfast"). Die Herstellung eines Kammes war zeitaufwendig: Zunächst wurde das Geweih in Stücke zersägt. Die längsten geraden Stücke wurden zu Platten geschnitten, die den Rücken des Kammes bildeten. Diese wurden paarig gegeneinander gesetzt, viele auch mit schönen Kerbmustern verziert. Zwischen den Kammschienen befestigte man dann kleine rechteckige Platten, in die man Zähne schnitt. Die Kammmacherei erforderte viel Geschick und vor allem Geduld. Sie gehörte zum professionellen Handwerk, das heißt, es gab Handwerker, die vom Kämmemachen leben konnten.

Die Wikinger waren geschickte und vielseitige Handwerker. Die meisten Arbeiten wurden im Rahmen der Hofgemeinschaft erledigt, so auch die Textilherstellung. Überall, wo die Wikinger siedelten, hielten sie Schafe, die den Rohstoff für Stoffe und Kleidung lieferten.

Die Wolle der isländischen, an das raue Klima angepassten Schafe
schützte besonders gut gegen Kälte: Die äußeren Fasern sind lang,
fest und Wasser abweisend, die inneren Fasern dagegen fein, weich
und isolierend. Das kalte und feuchte Klima des Nordens erforderte
praktische und wetterfeste Stoffe. Um besser gegen Nässe geschützt
zu sein, wurde die Wolle gewalkt und zu Filz und Loden verarbeitet.
Vaðmál, ein besonders dichtes, Wind und Wasser abweisendes Tuch,
war ein begehrter Handelsartikel aus Island.

Snorri Sturluson beschreibt in der „Heimskringla" eine Geschichte, die sich durchaus so abgespielt haben könnte: Im Sommer ging ein
isländisches Schiff am Ufer des Hardangerfjords vor Anker, doch für
die Ladung grauer Mäntel wollte sich kein Käufer finden. Der Schiffs-
eigentümer klagte König Harald sein Missgeschick. Der fragte, ob er
einen Mantel haben könne; gerne doch, lautete die Antwort. Der König nahm sich einen der Mäntel, zog ihn an und bevor er das Schiff
verließ, hatte jeder Mann aus seinem Gefolge einen grauen Mantel
gekauft. „*Wenige Tage später kamen so viele Leute, die sich alle einen
Mantel kaufen wollten, daß nicht die Hälfte von ihnen mehr erhalten
konnte, was sie wünschten.*" Nachdem der norwegische König auf diese
Weise im Handumdrehen eine für die Isländer sehr einträgliche Mode
kreiert hatte, ging er als Harald Gråfell (Graumantel) in die Geschichte ein.

Ohne Zweifel trug ein Großteil der Bevölkerung naturfarbene, aus
einheimischen Materialien wie Wolle und Leinen gefertigte Kleidung.
Von einigen lokalen Varianten abgesehen, zeigt sie im gesamten skandinavischen Raum einheitliche Merkmale. Charakteristisch für die
Frauentracht war ein Trägerrock aus Wolle, seltener aus Leinen, der
bis auf die Füße reichte. Mit zwei ovalen, etwa neun bis elf Zentimeter
langen Spangen, die vorne paarig auf der Brust saßen, wurden die
Schlaufenträger und damit der Rock gehalten. Unter dem Trägerrock
wurde ein schlichtes Hemd aus Leinen oder Wolle getragen. Meist
hatte es lange Ärmel und reichte bis weit über die Knie. Als Mantel
diente ein ponchoartiger Umhang, der wiederum mit einer Fibel über

der rechten Schulter befestigt wurde. In der kälteren Jahreszeit wurde zusätzlich ein großes wärmendes Tuch über die Schultern gelegt.

Die normale Männertracht bestand aus einer langen, locker herunterhängenden Hose oder – nach orientalischem Vorbild – einer knie- oder knöchellangen Hose. Um die Unterschenkel trug man eine Art Gamaschen oder Langstrümpfe, die mit Stoffbändern umwickelt wurden. Der über einem langärmeligen Hemd getragene, tunikaartige Rock reichte bis etwa zur Mitte der Oberschenkel und wurde in der Taille mit einem Ledergürtel gerafft. Schutz gegen die Kälte bot ein Mantel, der sich in Zuschnitt und Tragweise nicht von denen der Frauen unterschied. Der Umhang ließ den rechten Arm frei, sodass man schnell zum Schwert greifen konnte, das auf der linken Seite des Gürtels befestigt war. Die meisten Mäntel waren aus Wolle gefertigt. Schaffellmäntel waren schwerer, sie wurden nur von Männern getragen und konnten nachts als Bettdecke genutzt werden.

Pelze und Felle waren in Gebrauch, das Fell kleinerer Tiere wie Hermeline, Eichhörnchen und Polarfüchse diente zur Fütterung und Randverzierung von Röcken und Mänteln; auch Bären- und Wolfsfell fand Verwendung.

Zu allen Zeiten waren Pelze Statussymbol der Wohlhabenden. Über Geirmund heißt es in der „Saga von den Leuten aus dem Laxárdal": *„Geirmund war gewöhnlich schweigsam und mürrisch gegen die meisten; doch stets trug er einen Rock aus rotem Scharlach und darüber einen Pelz sowie eine Kappe aus Bärenfell auf dem Kopf und das Schwert in der Hand, eine mächtige und gute Waffe mit einem Griff aus Walrosselfenbein."*

Wer bunte, leuchtende Farben und erlesene Stoffe trug, gehörte mit großer Wahrscheinlichkeit der Oberschicht an. Ausländische Kleidung und feine Tuche waren ein wichtiger Bestandteil der nordischen Importe. Im archäologischen Fundmaterial sind gold- und silberdurchwirkte Borten sowohl an männlicher als auch an weiblicher Kleidung nachgewiesen. Reich ausgestattete Gräber, beispielsweise in Birka, zeigen modische Einflüsse aus dem Orient. Röcke und Kittel besaßen Knopfreihen und waren mit Stickereien aus Seide verziert.

Die archäologischen Fundstücke finden ihre Entsprechung in den Sagas und umgekehrt. Sobald sich die Gelegenheit bot, trugen die Helden schöne Kleidung in kräftigen Farben. Die Beschreibung prachtvoller Kleidung wird bewusst als Motiv eingesetzt, um die Zugehörigkeit zur gehobenen Schicht darzustellen. In den Sagas sind es vor allem Männer, die den größten Wert auf Äußerlichkeiten legen. Kehrten sie von einer Auslandsreise zurück, wechselten sie noch an Bord der Schiffe die Kleidung wie beispielsweise Eyvind, der sechs Jahre im Ausland verbracht hatte. Direkt vom Schiff begab er sich mit seinen Begleitern zum Hof seines Bruders: *„Alle trugen sie farbige Kleidung und ritten mit prächtigen Schilden."* Auch die Gäste, die Guðrún zu ihrer (vierten) Hochzeit einlud, trugen keine grauen Lodenjoppen. In der „Laxdœla saga" heißt es: *„Der Gode Snorri kam gemeinsam mit Þorkell und beinah sechzig Begleitern zum Fest, und es war ein auserlesenes Gefolge, denn fast jeder der Männer kam in gefärbten Kleidern."* Sehr auf sein Aussehen achtete der reiche Isländer Ólaf pá („Pfau"), der seinen Beinamen von eben jenem Vogel erhielt, der sich gerne prunkvoll zur Schau stellt. Der Name war nicht negativ im heutigen Sinne – also geckenhaft und eitel – gemeint, er drückte vielmehr Bewunderung aus für einen ungewöhnlich schönen Mann. Als Ólaf auf dem Thing um Egils Tochter Þorgerð warb, trug er *„die scharlachroten Kleider, die ihm König Harald geschenkt hatte, den goldbeschlagenen Helm auf dem Kopf und das Schwert in der Hand, das er von König Mýrkjartan bekommen hatte."* Seine exquisite Ausstattung entsprach seinem hohen gesellschaftlichen Status und trug entscheidend zum Gelingen der Brautwerbung bei. Als *„eine schöne, stolz aufgerichtete und vornehm gekleidete Frau"* wird auch seine Braut beschrieben.

Ein gepflegtes Aussehen war wichtig. Archäologische Funde lassen darauf schließen, dass zur Ausstattung eines wohlhabenden Wikingerhaushaltes eine Art von Bügeleisen gehörte. Zum Bügeln verwendete man über dem Feuer erhitzte Glaskugeln mit einer Vertiefung in der Oberseite, in die ein aufgerolltes Stück Tuch oder ein Stück Holz als Griff eingesteckt werden konnte. Als Unterlage dienten Bretter aus teilweise aufwendig geschnitztem Walrosselfenbein.

In vielen Gräbern findet sich Schmuck. Er war ein wesentlicher Bestandteil der Ausstattung wohlhabender Männer und Frauen. Die Wikinger *„taten alles, um in den Besitz bunter Perlen zu gelangen"*, schreibt ein arabischer Chronist im 10. Jahrhundert. Gern trugen die Frauen zwischen den ovalen Spangen, die ihre Kleidung zusammenhielten, Gehänge aus einzelnen Perlen; nur wenige konnten sich vollständige Halsketten leisten. Im archäologischen Fundgut dominieren Perlen aus Glas. Das gläserne Grundmaterial importierte man aus West- und Südeuropa in Form von Rohglasklumpen, Glasbruch oder Mosaiksteinen, wie sie in großer Zahl bei der Ausschmückung von Kirchen in Italien verwendet wurden. Die einfachsten Glasperlen waren einfarbig, andere in sich mehrfarbig. Beliebt waren Perlen aus Bernstein. Das Gold des Nordens, aus dem auch Spielsteine und Amulette hergestellt wurden, war schon Jahrhunderte vor der Wikingerzeit aus dem südlichen Ostseeraum exportiert worden. Es kam auch an der Nordseeküste vor. In Ribe an der Westküste Jütlands wurden große Reste von nicht oder nur teilweise verarbeitetem Bernstein gefunden, sodass man davon ausgehen kann, dass der Nachschub an Material kein Problem darstellte.

In allen skandinavischen Handelsplätzen gab es Metallgießer, die Broschen und Fibeln, aber auch Beschläge und Schlüssel fertigten. Für die Herstellung verschiedener Gegenstände schmolz man – je nach Geschmack und Geldbeutel – Bronze und Messing, aber auch Blei, Silber und Gold in tönernen Schmelztiegeln über dem Schmiedeofen, dessen Temperatur mithilfe eines Blasebalgs erhöht wurde. In unmittelbarer Nähe befand sich ein zweites kleines Feuer, das der Erwärmung der Gussformen diente, damit das hineingegossene, flüssige Metall noch vor dem Abkühlen und Erstarren in jeden Winkel gelangen konnte.

Die Produkte dienten der Zierde, sollten immer aber auch die soziale Stellung und den Reichtum des Besitzers demonstrieren. Die Liebe der Wikinger zu Prunk und Schmuck fanden schon arabische Zeitgenossen erwähnenswert: *„Jede ihrer Frauen hat auf den beiden Brüsten eine Büchse aus Eisen, Silber, Kupfer oder Gold, nach Maß und nach Wert*

des Vermögens ihres Mannes befestigt", notierte der Gesandte Ibn Fadlan um 921/22 über die Frauen der wikingischen Kaufleute, die sich
mit sogenannten Dosenbroschen schmückten. Der arabische Diplomat mokierte sich über das eitle Prestigedenken der Nordmänner.
„Sobald ein Mann 10 000 Silbermünzen angehäuft hat", so sein Bericht,
*„macht er seiner Frau einen Halsring; hat er 20 000, macht er zwei; und
so geht es weiter."*

Fibeln oder Spangen, die Bestandteil der Tracht waren, dominieren im archäologischen Fundmaterial. Sie bestanden aus Gold und
Silber, in der Mehrzahl jedoch aus weniger edlen Metallen wie Bronze, die manchmal vergoldet wurden, um sie kostbarer wirken zu lassen. Für den Guss benötigte man ein Modell aus Wachs. Man bedeckte
es auf beiden Seiten schichtweise mit gemagertem Ton, in dem sich
die Form abdrückte. Der Ton wurde gebrannt, das Wachs dabei ausgeschmolzen und das erhitzte, flüssige Metall in den entstandenen
Hohlraum gegossen. Nachdem die Form erkaltet war, zerschlug man
den Tonmantel und erhielt so das fertige Schmuckstück. Diese Vorgehensweise wird „Guss in verlorener Form" genannt.

Für die in großen Serien produzierten Fibeln wurden keine einzel-
nen Wachsmodelle angefertigt, sondern bereits fertige Stücke in den
Ton gedrückt. Das erklärt, warum so viele der erhalten gebliebenen
Fibeln gussgleich sind. Von einem im 10. Jahrhundert häufig vertrete-
nen Ovalfibeltyp wurden über 1 000 Exemplare zwischen Island im
Westen bis Kiew im Osten nachgewiesen – Massenproduktion im
Zeitalter der Wikinger. Auch die weniger Wohlhabenden wollten sich
schmücken.

Die Wikinger trugen Helme mit Hörnern

Im 19. Jahrhundert wuchs in Deutschland die Begeisterung für alles Germanische. Motive aus der Welt der Wikinger hielten in allen Bereichen der Kunst und des Kunstgewerbes Einzug, und fanden auch im Bereich der Musik großen Anklang. Richard Wagner beschäftigte sich mit den Nibelungen, er verknüpfte altnordische und frühgermanische Heldensagen mit Göttermythen und komponierte ein gewaltiges Werk, für dessen Uraufführung (1876) er in Bayreuth ein eigenes Festspielhaus bauen ließ. Kaiser, Könige und Fürsten besuchten die Premiere, 16 Stunden dauerte die Vorführung (ein Vorabend und drei Tage), beginnend mit dem Raub des Rheingoldes; es folgten die Walküre, Siegfried und die Götterdämmerung. Namhafte Künstler hatten die Bühne gestaltet, die Kostümbildner ihr Bestes gegeben, die nordischen Helden trugen (erstmals) Helme mit Hörnern. Wagners Nibelungenring wurde unterschiedlich aufgenommen, euphorisch als „wahrhaftes Wunderwerk" gefeiert von den einen, vehement abgelehnt von den anderen. Zu den Kritikern gehörte auch der französische Komponist Claude Debussy: *„O Mylord, wie unerträglich werden diese Leute in Helm und Tierfell am vierten Abend."*

Die Begeisterung überwog dennoch. Das Klischee vom behörnten Wilden wird seither mit bemerkenswerter Inbrunst, etwa in Comics und Filmen, gepflegt. Und während sich Schmiede und Bootsbauer in

(Freilicht-) Museen und auf Wikingermärkten um Authentizität be-
mühen, jeden Nagel von Hand schmieden, jede einzelne Planke mit
dem Beil behauen, stehen an Ständen und in Museumsläden gleich
nebenan hölzerne Schwerter, kleine runde Schilde und Helme mit
Hörnern zum Verkauf.

Über das Aussehen der Schilde, die den Wikingern zur Abwehr der
Feinde dienten, besteht kein Zweifel: Im Schiffsgrab im südnorwegischen Gokstad konnten kreisrunde, schwarz-gelb gestreifte Schilde
von etwa einem Meter Durchmesser nachgewiesen werden. Und auch
auf den Abbildungen einiger wikingerzeitlicher Gotlandbildsteine
entdeckt man Schilde, die dicht an dicht am obersten Plankengang
des dargestellten Schiffes befestigt sind. Eine in vieler Hinsicht praktische Platzierung, da sie auf diese Weise nicht an Bord herumlagen
und keinen zusätzlichen (Stau-) Raum brauchten. Zudem bot die
Schildreihe, die die seitliche Bordwand erhöhte, einen besseren
Schutz vor dem hohen Wellengang auf dem offenen Meer.

Bildliche Darstellungen wie beispielsweise der in der zweiten Hälfte des 11. Jahrhunderts gefertigte Teppich von Bayeux zeigen auch
nach unten hin zugespitzte, fast mannshohe Schilde. Schilde von solcher Größe in der Hand zu halten und gleichzeitig zu kämpfen, erforderte viel Kraft und Übung. Vermutlich konnten sich aber sowieso nur
(Berufs-) Krieger solche stattlichen Schilde leisten. Das galt gleichermaßen für Panzer- oder Kettenhemden und Helme. Wenn die Wikin-
gerbauern in den Kampf zogen, trug ein Großteil mehr oder minder
dick gepolsterte Jacken aus Leder oder mehreren Schichten von stra-
pazierfähigem Leinen. Den Kopf schützten einfache Lederkappen, die
besseren waren mit rippenartiger Metallverstärkung versehen. Helme
trugen nur die wenigsten. Überhaupt wurde bisher nur ein einziger,
vollständig erhaltener Helm gefunden, der eindeutig den Wikingern
zugeordnet werden kann. Der nach seinem norwegischen Fundort be-
nannte „Gjermundbuhelm", ein ausdrucksstarker Brillenhelm mit Na-
senschutz, prägt das Titelbild vieler Veröffentlichungen über die Wikinger. Der auf das Jahr 970 datierte Helm bietet dem Kämpfer guten
Gesichtsschutz und gewährleistet gleichzeitig ein ausreichendes

Sichtfeld. Die (Befestigungs-) Löcher und die Reste eines Kettenpanzers sind Hinweise darauf, dass ein Kettengewebe den Nacken und die Seiten des Halses schützte. Von Hörnern auf dem Helm findet sich keine Spur. Hörner wären für den Kämpfer im Übrigen auch mehr als ungünstig gewesen, da sie bei einem seitlichen Treffer einen Schwert- oder Axthieb zum Helmträger hinabgelenkt hätten. Ein Schlag auf ein festsitzendes Horn hätte entweder den Helm vom Kopf gerissen oder das Genick des Trägers gebrochen – ganz egal, ob es sich bei der Waffe um eine Axt oder ein Schwert gehandelt hätte.

Die Hauptwaffen der Wikinger waren Schwert, Axt, Speer, Pfeil und Bogen. Sie sind archäologisch nachgewiesen: In Hunderten von Gräbern sind Krieger mit ihren Waffen bestattet. Auf gotländischen Bildsteinen sieht man sie – ausgestattet mit Schwertern, Äxten und Speeren – in Aktion. Ein halbmondförmiger doppelseitiger Gedenkstein zeigt sieben Wikinger mit erhobenen Schwertern und Streitäxten. Das kleine, aber beeindruckende Kunstwerk, das vermutlich kurz nach dem Überfall auf das Kloster Lindisfarne im Jahr 793 entstand, wirkt wie eine Momentaufnahme. Die Wikinger landen mit ihren Schiffen auf der Insel vor der Nordost-Küste Englands, sie springen – ihre Schwerter schwingend – an den Strand, stürmen vorwärts und erschlagen alles, was sich ihnen auf dem Weg zum Kloster in den Weg stellt. Schilde tragen sie nicht. Wozu auch: Sie rechnen nicht mit Gegenwehr.

In der altnordischen Literatur nimmt das Schwert eine besondere Stellung ein. Ein Schwert mit einer scharfen Klinge war der Stolz eines Wikingers – Wundenflamme, Blutschwelger, Lebenshasser und Fußbeißer sind nur einige der überlieferten Namen. Die prachtvollsten Exemplare wurden mit Edelmetallen und sogar mit Edelsteinen verziert und über viele Generationen weitervererbt, inklusive abenteuerlicher Geschichten über geschlagene Schlachten und Heldentaten. Könige verschenkten Schwerter an ihre Gefolgsleute. Doch Schwert war nicht gleich Schwert. Es gab die namenlosen Waffen, Massenprodukte von minderer Qualität, solche, die nicht „bissen" oder die man nach jedem kräftigen Schlag wieder gerade biegen musste. Von der Qualität der Waffen hing der Erfolg der Wikinger in einem Zweikampf oder einer Schlacht ab. Entsprechend angesehen waren die Schmiede, die sich auf die Kunst der Eisenverarbeitung verstanden.

Eisen war der wichtigste Rohstoff für die Waffenproduktion. Es wurde aus dem regional weitverbreiteten Raseneisenerz gewonnen und in sogenannten „Rennöfen" geschmolzen. Dazu wurden Holzkohle und Raseneisenerz schichtweise gestapelt. Durch die Feuerung (man kam auf rund 1 200 Grad Celsius) wurden die Schlacketeile ausgeschmolzen. Übrig blieb ein wenig homogener Klumpen Stahl, der erst noch ausgeschmiedet werden musste. Zu Beginn der Eisenzeit konnten die meisten Höfe und Siedlungen ihren Eigenbedarf an Eisen für Waffen, Werkzeuge, Bootsnieten und -nägel aus lokalen Ressourcen decken. Als der Eisenbedarf nach und nach stieg, war man gezwungen, neue Lagerplätze zu suchen. In manchen Fällen lebten ganze Siedlungen von der Eisenherstellung, in anderen war man auf den Import angewiesen. In der professionell betriebenen Eisenverhüttung schmiedete man das Metall zu Barren, an deren Form der weiterverarbeitende Schmied sehen konnte, welche Eigenschaften das jeweilige Eisen besaß. Für das Kernstück einer Schwertklinge wählte er ein anderes Eisenstück als für die Schnittkanten, die aus härterem und besser zu schärfendem Stahl geschmiedet wurden.

In jedem Dorf und auf jedem größeren Hof gab es eine eigene Schmiede, aber bei weitem nicht jede Schmiede war auch eine Waffenschmiede. Das Zusammenschmieden von Eisen verschiedener Güte setzte große Erfahrung und Geschick des Schmiedes voraus. Die besten Klingen stammten von fränkischen Handwerkern. *„Ihre Schwerter sind platt (breit), mit Blutrinnen versehen und fränkischer Art"*, schreibt Ibn Fadlan über die Handel treibenden Nordmänner, die er um 922 im Wolgagebiet traf. (Die über die ganze Länge der Klinge eingeschmiedete Hohlkehle – fälschlicherweise häufig auch Blutrinne genannt – diente der Gewichtsreduzierung und Stabilisierung der Klinge, nicht aber als Abflussrille für das Blut des Gegners). Zahlreiche Schwerter mit fränkischen Klingen wurden in Wikingergräbern im Norden gefunden. Sie waren so begehrt, dass Karl der Kahle (wie übrigens vor ihm auch schon Karl der Große) 864 unter Androhung der Todesstrafe den Export von Waffen nach Skandinavien verbot.

Die besten Schwerter des Frühmittelalters kamen aus der Schmiede eines Meisters namens Ulfberht, der die in seiner Werkstatt geschmiedeten Waffen mit seinem Namenszug kennzeichnete. Anders als viele (oder sogar die meisten) andere Schwerter, die zwar scharfe Kanten aus hartem Stahl, aber ein weiches Herz aus Eisen aufwiesen, hatten die Klingen des Ulfberht auch einen stählernen Kern. Das Material, mit dem der berühmte Meister arbeitete, war kein ausgeschmiedetes, einheimisches Eisenerz. Er kaufte Stahl aus Afghanistan, Persien oder gar Indien, der mit Händlern über das Kaspische Meer und die Wolga hinauf gen Westen und Norden gelangte. Neue Untersuchungen haben ergeben, dass viele der „Ulfberht-Schwerter" einen für ihre Zeit phänomenal hohen Kohlenstoffgehalt aufwiesen. Stahl von dieser Härte war im Abendland weitgehend unbekannt, äußerlich aber waren die Klingen kaum von anderen zu unterscheiden. Diese Tatsache machten sich Fälscher zunutze, die ihre minderwertigen Waffen mit dem Markenzeichen Ulfberht versahen. (Einige Fälscher taten sich allerdings mit der richtigen Schreibweise schwer und verdrehten die Buchstaben zu Ulfbehrt.) Die Zahl und der Zeitraum der überlieferten Schwerter zeigen, dass auch seine Erben mit dem Markennamen unterschrieben haben müssen. Wo sich die berühmte Schmiede mit den weitreichenden Handelsbeziehungen befand, ist nicht bekannt. Die Mehrzahl der „Ulfberht-Schwerter" fanden Archäologen in Skandinavien und an der Ostseeküste, der Name selbst aber deutet auf fränkischen Ursprung hin.

Ein vergleichbares Markenprodukt gab es bei den Äxten nicht. Viele Männer, die in Zeiten der Unruhe ihre Waffenpflicht gegenüber dem Jarl (Fürst) oder König erfüllen mussten, zogen direkt von ihrem Hof aus in den Kampf. Ausgestattet waren sie mit leichten, einseitigen Äxten, die auch im Arbeitsalltag vielseitige Verwendung fanden. Ein Großteil der Streitäxte war unverziert und von einem Werkzeug nicht zu unterscheiden. Die Axt konnte auch ein Statussymbol für Reichtum und Macht sein wie die großartig gestaltete und verzierte Prunkaxt aus dem Königs- oder Fürstengrab bei Mammen in Jütland, die allerdings kaum alltagstauglich war. Die kunstvollen Silberintarsien sind wunderschön, allerdings (dem Historiker Anders Winroth zufolge) etwas schlampig eingearbeitet. Er vermutet, dass die Axt das Geschenk eines Königs für einen Gefolgsmann gewesen sein könnte, wie überhaupt ein großer Teil des wikingerzeitlichen Kunsthandwerks im Auftrag eines Herrschers hergestellt wurde. Geschenke wurden zu vielen Gelegenheiten vergeben; (Fest-) Gäste wurden mit Geschenken verabschiedet. Geschenke erhielten in der Wikingerzeit die Freundschaft und banden Gefolgsleute an ihren Anführer.

In späteren Zeiten wurden die Hiebwaffen zunehmend massiger, vermutlich als Reaktion auf die stetig anwachsende Zahl von gerüsteten Gegnern. Es gibt allerdings keinen einzigen Fund einer Doppelaxt aus dem frühmittelalterlichen Europa. Von der Vorstellung wuchtige Doppeläxte schwingender Nordmänner sollte man sich verabschieden.

Je größer die Wikingertruppen wurden, desto weniger war es möglich, bei einem Überfall einzeln mit gezücktem Schwert oder erhobener Axt einfach nur ungeordnet vorwärtszustürmen. Diejenigen, die unter einem Anführer, Jarl oder König kämpften, mussten sich an dessen Strategien und Befehle halten. Aus den zeitgenössischen fränkischen und angelsächsischen Schriften geht deutlich hervor, dass die Erfolge der Wikinger nicht nur auf Schnelligkeit und Überraschungsangriffe zurückzuführen sind. Sie passten ihre Taktik und Vorgehensweise der jeweiligen Situation an. Sie zogen über Land, zu Fuß, manchmal auch zu Pferde, sie ruderten Flüsse hinauf, kombinierten aber auch verschiedene Strategien miteinander. Ein westfränkischer Chronist berichtet 876 von einer großen Truppe zu Lande, die von Schiffen begleitet wurde, die die Küste entlang fuhren. Die Schiffe in Reichweite zu haben, gehörte zu den Grundregeln normannischer Taktik. Wo es möglich war, wurden Seeschlachten vermieden. Kämpfe an Land wurden mitunter in aller Ruhe vorbereitet. Das tat auch Hákon der Gute vor der Schlacht bei Fredøberg gegen die Erichssöhne, die sich noch auf der Anreise von Dänemark befanden. Bei diesem Kampf ging es um die Macht im Land, nicht um die Beute. Nachdem die Schiffe festgemacht hatten, heißt es in der „Heimskringla": *„König Hakon sandte Botschaft an sie und forderte sie auf, an Land zu gehen, indem er sagen ließ, er habe für sie ein Kampffeld zu Rastarkalf mit Haseln abgesteckt."*

Dass die späteren, oftmals unter der Führung eines Königs ausgeführten Kriegszüge der Nordmänner nichts mehr mit den ersten spontanen Blitzüberfällen zu tun hatten, wird in vielen Darstellungen deutlich. In der „Geschichte von Halfdan dem Schwarzen" wird berichtet, dass dieser, als das feindliche Heer anrückte, seine Männer in Schlachtordnung aufstellte. Wie diese aussah, wird allerdings nicht genauer beschrieben. Interessant ist die Darstellung der Schlacht von Stamford Bridge (1066), in der die Speerwerfer und Bogenschützen zum Einsatz kamen und vor der Schlacht genau platziert wurden: In der „Heimskringla" wird die sorgfältige Vorbereitung der Norweger auf den Kampf beschrieben: *„Darauf stellte König Harald [der Harte] sein Heer in Schlachtordnung auf. Er machte die Schlachtreihe lang, aber nicht dicht. Dann bog er die beiden Flügel rückwärts, so dass sie aneinander stießen. Die bildeten so einen weiten Kreis dicht und gleichmäßig rings herum nach außen, Schild bei Schild stehend, und ebenso auch weiter einwärts. Die Königsschar aber stand außerhalb des Ringes. Dort war das Banner, und da stand auserlesenes Volk. An einer anderen Stelle stand Jarl Tosti mit seiner Schar. Bei ihm war das zweite Banner. Der König hatte diese Schlachtordnung gewählt, weil er wusste, dass die Ritter in Gruppen heranzurücken und wieder zurückzugehen pflegten. Nun befahl der König, seine Abteilung und die des Jarls sollten dort vorgehen, wo es am nötigsten wäre, die Bogenschützen aber sollen uns auch begleiten. Die aber weiter vorn stehen, sollen ihre Speerenden in den Boden stoßen und den Rittern den Speer auf die Brust setzen, wenn sie wider uns anreiten, die allervordersten aber sollen ihre Speerspitzen wider die Brust der Pferde richten."*

Als nun die feindlichen Reihen aufeinandertreffen, beginnt eine mörderische Schlacht, in denen Pfeile, Speere und Schwerter zum

Einsatz kommen. König Harald wird von einem Pfeil in die Kehle getroffen. *„Diese Wunde gab ihm den Tod."* Sieger ist der angelsächsische König Harald Godwinson, der nach seinem Sieg gen Süden marschiert, um Wilhelm, dem Herzog der Normandie, entgegenzutreten. In der Schlacht von Hastings verliert er sein Leben. Wie es dazu kam, wie die Schlachtordnung aussah und mit welchen Waffen gekämpft wurde, dokumentiert der berühmte Teppich von Bayeux. Nicht ohne Grund gehört das bemerkenswerte Bilddenkmal seit 2007 zum UNESCO-Programm „Memory of the World" (Weltdokumentenerbe). Die in der zweiten Hälfte des 11. Jahrhunderts entstandene Stickarbeit zeigt in 58 Bildszenen wie ein Filmstreifen die Eroberung Englands durch Wilhelm (den Eroberer). Der durchschnittlich rund 52 Zentimeter hohe und über 70 Meter lange (erhalten sind 68,38 Meter) Wandbehang erzählt die Ereignisse in chronologischer Reihenfolge. Der Berichtszeitraum umfasst ein knappes Jahr: vom Zusammentreffen Harald Godwinson des Earl von Wessex mit dem englischen König Edward (hier wird ihm der Thron versprochen) bis zur Schlacht von Hastings am 14. Oktober 1066.

Eine Fülle an detaillierten Einzeldarstellungen gibt Aufschluss über viele Aspekte einer spätwikingerzeitlichen Schlacht. Auch zu Schiffen und dem Schiffbau selbst finden sich hier detailliert dargestellte Einzelheiten. Demnach bestand die normannische Flotte aus Kriegs- und Transportschiffen und kleineren Begleitbooten. Viele hatten drachenähnliche oder figürliche Aufsätze auf den Steven am Schiffsrumpf, wie sie typisch für den wikingerzeitlichen Schiffbau waren. An der Außenseite der Bordwand waren Schilde befestigt. Die Darstellungen der Ausrüstung und Waffen stimmen in diesen Punkten mit den archäologischen Funden überein. Angehörige der Oberschicht trugen Schwerter, im Einsatz waren verschiedene Typen von Äxten – nicht nur zu Kriegszwecken. Für den Bau der normannischen Flotte mussten Bäume gefällt und Äste gekappt werden, später wurden die einzelnen Planken mit T-förmigen Äxten geglättet, und die Krieger zogen mit langschäftigen Streitäxten in den Kampf. Im Verlauf der Schlacht kamen auch Speere zum Einsatz. Der Betrachter wird, was die blutigen Details des Kampfes angeht, nicht geschont. Während am chronologischen Anfang noch friedliche bäuerliche Alltagsszenen und Tiere den oberen und unteren Rand des Wandbehangs säumen, dominieren am Ende abgeschlagene Gliedmaßen und Tote die Darstellungen – in voller Rüstung, mit einem Speer im Bauch, noch im Tod eine Langaxt in der Hand haltend, oder nackt und ausgeplündert. Schilde und Schwerter liegen herum, man sieht ein letztes Aufgebot an Bogenschützen. Den Sieg erringt Wilhelm und damit den Thron Englands.

Offiziell geht die Wikingerzeit mit dieser Schlacht zu Ende. Aber noch viele Jahrzehnte und Jahrhunderte später kämpften Könige um ihre Macht, scharten Gefolgsleute um sich, und auch zu Hause im Alltag konnten die Wikinger auf Waffen nicht verzichten. Ein Bauer, der in eine (Blut-) Fehde verwickelt war, musste immer auf der Hut sein. In den Verhaltensregeln der „Edda" heißt es:

„Von seinen Waffen
weiche keiner
auf freiem Feld nur einen Schritt;
nie kann man wissen,
wann ein Mann
am Wege draußen den Speer braucht."

Die „Brennu-Njáls saga" gibt einen Einblick in den Alltag isländischer Bauern: So verlässt Gunnar seinen Hof und geht zu seinem Saatland, um Getreide auszusäen, *„in der einen Hand einen Saatkorb, in der anderen eine Handaxt"*. Über Höskult liest man: *„Zu dieser Zeit erwachte Höskuld der Hvítanesgode. Er kleidete sich an und warf den Mantel über, den Flosi ihm geschenkt hatte, dann nahm er einen Saatkorb und in die andere Hand ein Schwert, ging zu seinem Acker und begann mit dem Säen."* Gunnar und Höskuld waren Bauern auf Island in einer fehdereichen Zeit. Ein Schwert oder eine Axt trugen sie immer bei sich. Helme mit Hörnern dagegen niemals – in ihrem ganzen Leben nicht.

In der Wikingerzeit war die Blutrache das einzig geltende Recht

Du sollst nicht stehlen, du sollst nicht morden – Gesetze dieser Art scheinen den Wikingern nicht bekannt gewesen zu sein, taten sie doch alles, um ihren Reichtum zu mehren: brandschatzen, rauben und morden. Dann kehrten sie mit ihrer Beute – edelsteinbesetzte Reliquien, ein prachtvolles Schwert oder eine Truhe mit Silber – nach Hause zurück und waren gemachte Männer. Die Heimkehrer brauchten nicht zu fürchten, für den Mord an einem Mönch, die Vergewaltigung eines Mädchens oder die sinnlose Zerstörung unschätzbarer Kulturwerte angeklagt zu werden. Gab es überhaupt Gesetze oder galt in einer Gesellschaft wie dieser nur das Faustrecht, wurde Gleiches mit Gleichem vergolten und die verletzte Ehre durch Blutrache wiederhergestellt?

In den „Isländersagas" werden unzählige Überfälle und Morde beschrieben, die mit Überfällen und Morden gerächt wurden. Die Rachefeldzüge (be-) trafen dabei keineswegs nur die unmittelbar Beteiligten. Wurde ein Mann von einem anderen getötet, so konnte die ganze Sippe des Mörders in die Rache miteinbezogen werden. Für die gekränkte Sippe war es möglicherweise sogar ehrenvoller, den vornehmsten Mann in der Sippe des Mörders totzuschlagen als den Mör-

der selbst. Der Nordmann war empfindlich, was seine Ehre anging –
das Schwert hatte er immer griffbereit dabei. Hätte es kein Gericht
gegeben, das Bußen (nach einem wohldurchdachten System) verhän-
gen konnte, wäre Blutrache immer die unvermeidbare Folge einer Beleidigung, eines Totschlags oder eines Mordes gewesen. Doch so war
es nicht.

Im wikingerzeitlichen Island nahmen gesetzeskundige Männer ei-
ne wichtige Position ein, das Leben war in bemerkenswert hohem
Maß von Recht und Gesetz geprägt. *„Mit dem Gesetz baut man ein
Land auf, durch Gesetzlosigkeit geht es zugrunde"* – diese Worte aus der
„Brennu-Njáls saga" machen deutlich, welchen Stellenwert dem
Recht im öffentlichen Leben beigemessen wurde.

Schon lange vor Beginn der Wikingerzeit gab es im Norden admi-
nistrative Strukturen, um Gesetz und Ordnung aufrechtzuerhalten
und der Endlosschleife der Blutrache Einhalt gebieten zu können. Das
Thing bildete die politische Grundeinheit. Zu dieser Versammlung
trafen sich alle freien, waffenfähigen Männer eines Bezirks in regel-
mäßigen Abständen an bestimmten Plätzen, um über wichtige Angelegenheiten von öffentlichem Interesse zu beraten, Gesetze zu verabschieden und Recht zu sprechen. Kläger trugen ihr Anliegen vor, das
Urteil wurde (zumindest in der Frühzeit) von der gesamten Versammlung gefällt. Durch das Schlagen der Schwerter auf die Schilde oder
das Hochheben der Schwerter und Äxte wurde die Zustimmung zu
einem Beschluss bekundet. Später wurde diese Art der Zustimmung
durch einfaches Handheben ersetzt.

Über die frühe Rechtsordnung im Norden Europas ist nur wenig
bekannt. Auf vieles muss man aus späteren Schriften schließen. Die in
vorchristlicher Zeit mündlich übermittelten Gesetze wurden erst im
12. Jahrhundert niedergeschrieben; sie sind dennoch wichtige Quellen, da viele der Rechtsregeln auf ältere Zeiten zurückgehen. Die älteste bekannte Gesetzessammlung in Skandinavien ist das mittelalterliche norwegische Gulathing-Gesetz (*Gulatingloven*), mit dessen Nie-
derschrift wohl schon in der zweiten Hälfte des 11. Jahrhunderts begonnen wurde.

Neben dem regionalen Thing eines Bezirks, zu dem alle thing-
pflichtigen Bauern erschienen, gab es spätestens in der Wikingerzeit
auch überregionale Thingtreffen für mehrere Landesteile, auf denen
die verschiedenen Distrikte durch ernannte Vertreter repräsentiert
wurden. In der Regel waren es die Männer, die die Familie oder den
gesamten Hausstand auf dem Thing repräsentierten. Aber auch Frau-
en, die alleine verantwortlich waren für Haus und Hof, zählten zur
Thingversammlung. Dem norwegischen Gulathing-Gesetz zufolge
stand es Witwen frei, zum Thing zu fahren. Ob sie dort zu Wort kamen, ist eine andere Sache. In der Regel werden es die einflussreichsten Persönlichkeiten und einige wenige Gleichgestellte gewesen sein,
die die Verhandlungen führten.

Auch ein König musste sich an die Gesetze des Landes und die
Thingbeschlüsse halten, er hatte das gleiche Stimmrecht wie jeder andere Teilnehmer auch. Er konnte Anträge stellen und mit seinen Argu-
menten für ein Anliegen werben. Wenn ihm das aber nicht überzeu-
gend gelang, konnte es geschehen, dass sich die Thingmänner gegen
ihn entschieden und seinen Antrag ablehnten. Als der Missionar Ansgar nach Birka kam und den König um Erlaubnis bat, das Christentum
zu verbreiten, musste dieser erst eine Thingversammlung einberufen,
bevor er die Zustimmung geben konnte. Rimberts Bericht in der „Vita
Anskarii" ist ein eindrückliches Zeugnis von der Bedeutung des
Things, nicht zuletzt als Regulator königlicher Macht.

Snorri Sturluson berichtet in der Geschichte von Ólaf dem Heiligen über eine bemerkenswerte Auseinandersetzung auf dem Thing zu
Uppsala, in der der Gesetzesmann Torgny dem schwedischen König
Olof Skötkonung (geb. vor 980) klarmacht, dass die Bauern mit seiner
Politik nicht einverstanden sind und eine andere Vorgehensweise von
ihm erwarten: *„Willst du das aber nicht tun, was wir dir vorgeschlagen
haben, dann werden wir einen Aufstand machen wider dich und dich erschlagen und keinen Unfrieden und keine Gesetzwidrigkeit weiter von dir
dulden. Dasselbe taten auch unsere Vorväter in alter Zeit, die auf dem
Mula-Thing fünf Könige in einem Graben versenkten, die vorher voll
Hochmuts wider sie gewesen waren, wie du es jetzt gegen uns bist. Sage*

nun schleunig, was für eine Wahl du jetzt treffen willst." Der König gab
nach.

Dem Thingtreffen kam auch im gesellschaftlichen Leben eine große Bedeutung zu. Hier wurden nicht nur Gesetze verhandelt, sondern
Geschäfte vereinbart, Reisepläne geschmiedet, Hochzeiten abgespro-
chen und Handel getrieben. In der „Saga der Leute vom Laxárdal"
findet sich die Beschreibung eines schwedischen Things auf Brenney-
jar, einer Inselgruppe am Südausfluss der Götaelf, in zentraler Lage
zwischen den drei nordischen Reichen. Hier fanden nicht nur die politischen Zusammenkünfte der Machthaber und Gerichtsversamm-
lungen statt, sondern es gab auch eine Kaufmesse: „*... dorthin ström-
ten zusammen Leute fast aus allen Ländern. Große Kurzweil herrschte
dort, Trinkgelage und Spiele, sowie jede Art von Lustbarkeit.*" Vor einem
Zelt, das etwas abseits stand, saß ein russischer Händler, der Sklaven
anbot (zwölf Mädchen, darunter auch Melkorka, eine geraubte irische Königstochter, die Höskuldr, der Häuptling aus dem Laxárdal
kaufte und mit nach Hause nahm).

Das Thing als Rechts- und Lebensform folgte den Nordmännern
überall dorthin, wo sie sich niederließen. Es waren skandinavische
Siedler, die das Wort *law* (von altnordisch *lov* = Gesetz) in die englische Sprache einführten ebenso wie die Grundsätze von Schwurge-
richt und Urteilsprüche durch Mehrheitsbeschluss.

Die Geschichte der isländischen Rechtsordnung ist bezeichnend
für das ausgeprägte Rechtsempfinden der Nordmänner. Die ersten
Streitigkeiten wird es schon während der Landnahme Islands (ab
870) gegeben haben: Man verlieh ein Werkzeug oder ein paar Balken
und erhielt sie nicht zurück, beim Schafabtrieb im Herbst kam es beim
Sortieren der Schafe zum „Diebstahl", im Verlauf eines Streites gab es
Tote. In vielen Fällen wird man sich privat geeinigt haben. Gelang das
nicht, wurde die Angelegenheit in der Thingversammlung des jeweiligen Landesteils abgehandelt. Die Insel war in vier Viertel und zwölf
lokale Thingbereiche aufgeteilt, in der Anfangszeit gab es 36 Goden-
tümer (*goðorð*), dem jeweils ein Gode (*goði*) zugeordnet war. Ein Go-

de, der vermutlich auch eine kultische Funktion innehatte, weihte das Thing und ernannte die Richter.

Von größter Bedeutung für die Zukunft Islands war die Einberufung des Allthings (*Alþingi*), einer Hauptversammlung für die gesamte Insel. Man schrieb das Jahr 930. Als Vorlage für die Ausarbeitung der neuen isländischen Gesetzgebung wählte man die Rechtsprechung im Bezirk des Gulathings in Südwestnorwegen, von wo aus einst ein Großteil der Siedler nach Island aufgebrochen war.

Im „Landnahmebuch" wird erzählt, dass ein Isländer namens Úlfjótur nach Gulen geschickt wurde, wo er mit seinem rechtskundigen Onkel die Gesetzessammlung für Island entwarf. Klingt fast zu schön, um wahr zu sein. Fakt aber ist, dass die Grundhaltungen zu Recht und Gesetz in Norwegen und Island in einem solchen Grad übereinstimmen, dass man davon ausgehen kann, dass das Gulating-Gesetz tatsächlich die Grundlage für den ersten, für ganz Island geltenden Gesetzescodex und die Etablierung des Allthings, der zentralen Gesetzesversammlung in Þingvellir im Südosten der Insel bildete.

Es war das wichtigste Ereignis des Jahres, alle wichtigen und unwichtigen Männer kamen hier zusammen: *„Im Sommer ritt Snorri nach seiner Gewohnheit aufs Allthing"*, heißt es in der zeitgenössischen „Sturlunga saga". Alle waffenfähigen Männer reisten an, vielfach mit Familie und großem Gefolge, sie bauten ihre Thingbuden auf und legten die Waffen ab. Der Thingort war heilig, Waffen waren nicht erlaubt. Der Thingfrieden herrschte, solange das Thing versammelt war. Keiner durfte den Frieden mit einer Gewalttat brechen.

Úlfjótur wurde der erste Gesetzessprecher (lögsögumaður) auf Island, der für jeweils drei Jahre gewählt wurde. Seine Hauptaufgabe bestand in dem öffentlichen Vortrag der Gesetze: jedes Jahr ein Drittel, sodass nach drei Jahren der gesamte Gesetzestext wieder aufgefrischt und in Erinnerung gebracht war. Während der Thingversammlung wurden einzelne Bestimmungen diskutiert, gegebenenfalls verändert und neue hinzugefügt.

Gesetze betrafen alle Bereiche des täglichen Lebens. Um beispielsweise Besitzstreitigkeiten beim (frei herumlaufenden) Vieh zu verhindern, musste jedes zu einem Hof gehörende Tier – Rind, Schaf, Schwein und sogar das Geflügel – markiert sein. Zu jedem Hof gehörte eine bestimmte Marke, von der nicht abgewichen werden durfte und die auch vererbt wurde. Das Landrecht (*Grágás*) gibt auch den Zeitpunkt vor: „*Man soll markiert haben sein Vieh nach Ablauf von 8 Wochen seit Sommers Anfang (Mitte Juni).*" Wer das Gesetz nicht befolgte, zahlte (drei Mark) Strafe. Auch konnte das unmarkierte Vieh von einem anderen in Besitz genommen werden. Auch Preise für Vieh und Waren aller Art waren geregelt. 120 Ellen Vaðmal (gewalktes Wolltuch) entsprachen dem Wert einer Normalkuh. Maß und Qualität des gewalkten Wollstoffs als Zahlungsmittel waren genau festgelegt: „*Vaðmal soll kursieren als Geld, wenn es neu und ungebraucht, festgewebt und zwei Ellen breit ist.*" Um Streitigkeiten bezüglich des Ellenmaßes zu begegnen, war das im kaufmännischen Gebrauch auf Island übliche Längenmaß an der Wand der Kirche zu Thingvellir abgesteckt. Nach diesem Muster mussten sich alle richten. Von Gesetzlosigkeit kann im wikingerzeitlichen Alltag also keine Rede sein.

Neben der Legislative, das heißt der gesetzgebenden Gewalt, besaß das Thing die Judikative, die richterliche Gewalt. Herrschte Uneinigkeit über die Gesetzeslage fiel dem Gesetzessprecher die Rolle des Schiedsrichters zu.

Wer sein Recht oder seine Ehre verletzt sah, musste sich zunächst Unterstützung suchen, am besten einen Goden, wohlhabende Großbauern oder Verwandte – je mehr und einflussreicher, desto besser. Auch mit Geld wurde nachgeholfen. In der „Saga von den Leuten am Ljósavatn" bot Eyjólf, der mit einer Anklage auf dem Thing rechnete „*einen Eyrir in Silber pro Kopf und eine halbe Mark für jeden Anführer, der zum Thing kommen würde. Er schickte Männer zu den Söhnen von Eið auf Ás und bot ihnen Geld für ihre Unterstützung an und so auch den Leuten auf Goðdalir.*" In den „Isländersagas" wird häufig erwähnt, dass Kläger wie Angeklagte mit Dutzenden (in einigen Fällen sogar Hunderten) von Verbündeten auf dem Thing erschienen. Ein Kläger, der zu seinem Recht kommen wollte, musste seinen Auftritt sorgfältig vorbereiten. Ohne die genaue Kenntnis der Gesetze und der Prozessordnung hatte er keine Chance, dabei war es egal, ob es um Totschlag, Diebstahl, einen Überfall, die Entführung einer Frau, Untreue oder Scheidung ging. Eine typische Beschreibung aus der „Hrafnkel saga": *„Sám trat unerschrocken vor die Richter, rief gleich seine Zeugen auf und verklagte den Goden Hrafnkell genau nach Recht und Gesetz, klar und in beeindruckendem Vortrag ..."* Nachdem er geendet hatte, erhob sich lauter Beifall für seine gelungene Klage auf dem Allthing.

Die Richter hörten sich an, was Kläger und Beklagte vorzubringen hatten. Sie riefen Zeugen auf, stellten selber aber keine eigenen Ermittlungen an, bevor sie das Urteil fällten. Die Urteilsverkündung lag in der Hand der Thingmitglieder, einen professionellen Richterstuhl gab es nicht. Jeder Fall wurde individuell verhandelt, ein Diebstahl war nicht einfach ein Diebstahl, denn bei einem Viehdiebstahl kam es auf das Geschlecht und das Alter des Tieres an. Die Frage, ob es tragend gewesen war, spielte dabei ebenso eine Rolle. Entsprechend fielen dann die Bußen aus. Diese konnten in Form von Geld oder Sachleistungen geregelt werden. Auch das Leben eines Menschen erforderte nicht unbedingt ein anderes Leben, es ließ sich mit Gold, Silber, einer Anzahl von Kühen oder Schafen aufwiegen.

Eine Form der Bestrafung war die Ächtung: Ein Täter, der zur leichten Acht verurteilt wurde, musste das Land für eine bestimmte Zeit – in der Regel drei Jahre – verlassen. Eirík der Rote nutzte seine dreijährige Verbannung von Island, um Grönland zu erkunden. Bei schweren Verbrechen drohte die Ächtung und damit der Ausstoß aus der isländischen Gesellschaft auf Lebenszeit. Der Verurteilte verlor alle Rechte als freier Mann. Er war vogelfrei und konnte von jedermann ungestraft beraubt und getötet werden. Der Geächtete befand sich fortan ständig in akuter Lebensgefahr und musste sich von jeder menschlichen Gesellschaft fernhalten. Wer ihm Unterstützung gewährte, zum Beispiel ein Dach über dem Kopf, geriet selbst in Gefahr. Eine interessante Art der Einigung war das sogenannte „Selbsturteil". Der Geschädigte überließ es seinem Gegner, die Buße festzusetzen. Damit war eine gesellschaftliche Aufwertung des Täters verbunden, sodass zu erwarten war, dass die angebotene Entschädigungssumme großzügig ausfallen werde. Diese Erwartungshaltung wurde jedoch nicht immer erfüllt.

Das Problem der Rechtsprechung in der Wikingerzeit war die fehlende Exekutive. Es gab kein ausführendes Organ, keine Polizei, die dafür sorgte, dass die Urteile ausgeführt wurden. Der Gewinner eines Prozesses musste die Vollstreckung des Urteils selbst übernehmen oder andere damit beauftragen – ob ihm nun Schadenersatz zugesprochen worden war oder das Recht, seinen Gegner aus dem Bezirk oder außer Landes zu jagen.

Die Missachtung eines Thingbeschlusses bedeutete für den Verurteilten Friedlosigkeit (Ächtung), das heißt, dass er aus der Gesellschaft verstoßen wurde. Diejenigen aber, die mächtig und reich waren und eine große (bewaffnete) Gefolgschaft hatten, konnten es sich leisten, Gerichtsurteile zu ignorieren. Da die Sagas vor allem Geschichten aus dem Umfeld einflussreicher (isländischer) Familien erzählen, entsteht dort mitunter der Eindruck von Rechtlosigkeit der Schwachen gegenüber den Starken. Dem (in der Regel gerechten) Urteil zum Trotz setzte oftmals die Partei mit der größten Gefolgschaft ihre Interessen durch.

Doch nicht in jedem Fall, das Blatt konnte sich wenden. Es bestand immer die Chance, dass sich Widerstand gegen offenes Unrecht regte und einflussreiche, rechtlich gesinnte Männer der schwächeren Partei zu Hilfe kamen und den (selbstgerechten) Gegner in die Schranken wiesen. Nicht das Gesetz, sondern das Rechts- und Gerechtigkeitsempfinden konnte zur Macht werden.

IRRTUM 10:

Alle Wikinger waren gleich

Im Jahre 882 segelt Rollo, der Anführer einer stattlichen Wikingerflotte mit seinen Kriegsschiffen die Seine hinauf. Angesichts der bedrohlichen Lage nehmen Gesandte des französischen Königs Kontakt zu den Nordmännern auf. Der nordfranzösische Mönch Dudo von St. Quentin, der um 1020 die Geschichte der normannischen Herzöge schreibt, berichtet von dem Treffen. Auf die Frage, wer sie seien und was sie wollten, antworten die Nordmänner kühn: *„Wir sind Dänen. Wir kommen aus Dänemark. Wir sind gekommen, um Frankreich zu unterwerfen."* Wer ihr Herr sei, wollen die Gesandten des Königs wissen. *„Wir haben keinen Herrn, wir sind alle gleich"*, lautet die Antwort. Als die Gesandten ihnen vorschlagen, sich dem französischen König Karl zu unterwerfen, in seine Dienste zu treten und dafür viele Gunstbeweise entgegenzunehmen, machen sie klar: *„Niemals werden wir uns jemandem unterwerfen und auch nie jemandem dienen oder Gunstbeweise entgegen nehmen. Der Gunstbeweis, auf den wir größten Wert legen, ist der, den wir mit den Waffen erkämpfen können."* Nach diesen kernigen Worten fordern sie die französischen Gesandten auf, zu verschwinden.

Die Begebenheit nimmt einen bemerkenswert erfreulichen Verlauf, denn Rollo und König Karl schließen am Ende Frieden. Er erhält die Region um Rouen als Lehen – der Ursprung der heutigen Normandie. Der zielstrebige Nordmann, der in erster Ehe in den regionalen Adel einheiratet, erhält in zweiter Ehe König Karls Tochter zur Frau. Als ihn der anwesende Bischof im Rahmen der Hochzeitsfeierlichkeiten auffordert, dem König den Fuß zu küssen, verweigert der Bräutigam die Unterwerfungsgeste: „*Niemals werde ich vor jemandem knien und auch nie jemandem den Fuß küssen.*" Stattdessen bittet er einen seiner Männer, den Fuß des Königs zu küssen. Dieser kommt der Bitte nach, lässig führt der Nordmann den königlichen Fuß an seinen Mund – ohne allerdings dabei in die Knie zu gehen oder sich zu (ver-) beugen – der König verliert das Gleichgewicht und fällt hintenüber auf den Rücken.

Über Jahrhunderte werden Episoden wie diese genüsslich weitererzählt. Ungeachtet der Frage, wie viel historische Wahrheit sie enthalten, sind sie beredter Ausdruck der Sehnsucht und Bewunderung späterer Generationen für die vermeintliche Unabhängigkeit, Freiheit und Gleichheit der Wikinger.

Die Menschen der Wikingerzeit aber waren nicht gleich, auch dann nicht, wenn sie buchstäblich in einem Boot saßen. Eine Wikingerfahrt war kein spontaner Raubzug beutegieriger Habenichtse, sie bedurfte zumindest seitens des Schiffseigners gut durchdachter Vorbereitungen und erheblicher Investitionen. Nur wenige hatten die Mittel, sich an einem Schiffbau oder -kauf zu beteiligen. Man brauchte Verpflegung und Ausrüstung für eine zuverlässige, schlagkräftige Mannschaft, mit der man sich über die Verteilung der Beute einigen konnte. Ein in der „Jómsvíkinga saga" beschriebenes Wikingergesetz, das besagt, dass die gesamte Beute „zur Stange" gebracht werden soll, um dann gleichmäßig aufgeteilt zu werden, gehört in das Reich der Wikingermythen.

Eine Aufteilung des Raubguts zu gleichen Teilen wird die Ausnahme gewesen sein, dazu waren die Investitionen des Einzelnen in das Unternehmen, das Ruhm und Reichtum, aber auch den Tod bringen konnte, einfach zu unterschiedlich. Indirekt wird das deutlich durch Berichte in zeitgenössischen Chroniken. In der Angelsächsischen Chronik liest man (im Jahr 897) im Zusammenhang mit der Auflösung des großen Heers, dass sich die Dänen, die kein Geld hatten, um in England Land zu kaufen, nach Frankreich begaben (um dort weiter zu plündern). In der „Orkneyinga saga" wird erzählt, dass Sveinn Ásleifarson, der von Jarl Rögnvald mit fünf Schiffen ausgestattet worden war, bei der Aufteilung des gemeinsam auf den Hebriden erbeuteten Gutes den „Häuptlingsteil" forderte mit der Begründung, er hätte schließlich die Führung gehabt, und die anderen seien nur Hilfskräfte gewesen. Es kommt zum Streit: Die anderen Schiffsführer fordern den gleichen Anteil, über die weiteren Männer an Bord verliert der Sagaschreiber kein Wort. Ob es alles freie Männer oder ob auch Sklaven darunter waren, lässt sich nicht sagen. Sklaven gehörten zur wikingerzeitlichen Gesellschaft dazu, sie hatten keinerlei Rechte.

Das in der „Lieder-Edda" überlieferte Götterlied „Rigsþula" beschreibt die drei Stände und erklärt ihren Ursprung: Der (ansonsten unbekannte) Gott Ríg, der in den einleitenden Sätzen mit dem Gott Heimdall, dem Wächter der Asen, gleichgesetzt wird, kommt dreimal auf die Erde und zeugt nacheinander die Ahnherren der Knechte, der freien Bauern und der Adligen, die sich schon äußerlich unterscheiden: Þræl, der Knecht ist *„schwarz von Haut ... die Gelenke knotig ... fratzig das Anlitz ..."* „Gedrückt" ist die Nase seiner plattfüßigen Frau. Sie leben ärmlich und sind für die groben Arbeiten zuständig: Sie roden, misten Äcker, mästen Schweine, hüten Ziegen, graben Torf. Um einiges komfortabler hat es Karl, das *„im eigenen Haus"* gezeugte Kind der Bauern. Gesund und kräftig ist er, *„roth ... und frisch mit funkelnden Augen",* und wächst zu einem tüchtigen, arbeitsamen Mann heran. Seine Tätigkeiten werden ebenfalls in der „Rigsþula" aufgeführt: Er zähmt Stiere, zimmert und führt den Pflug, baut Wagen, Häuser und Scheunen. Von ganz anderer Art ist Jarl, der Adlige, den *„die Mutter gebar und barg in Seide".* Er hat lichte Locken, leuchtende Wangen und Augen, die scharf wie Schlangen blicken. An den Arbeiten auf dem Hof muss er sich nicht beteiligen, vielmehr wächst er in der Halle auf:

> *„Den Schild lernt' er schütteln, Sehnen winden,*
> *Bogen spannen und Pfeile schäften,*
> *Spieße werfen, Lanzen schießen,*
> *Hunde hetzen, Hengste reiten,*
> *Schwerter schwingen, den Sund durchschwimmen."*

Ein feines, sportliches Herrenleben.

Die Unterscheidung der drei Klassen wird als göttliche Ordnung dargestellt, die krasse stereotype Charakterisierung der einzelnen Vertreter findet sich auch in den mittelalterlichen „Isländersagas". Sklaven werden dort oftmals als feige und dumm beschrieben, in der „Gísla saga" trägt Gíslis Sklave Þórð den bezeichnenden Beinamen „der Mutlose". Er ist dumm genug, den schwarzen Umhang anzunehmen, den ihm sein Herr für treue Dienste schenkt mit den Worten: „... *und ich will, dass du ihn gleich nimmst und anziehst und dich dann in den Schlitten setzt, der hinten fährt. Ich aber werde die Zugtiere führen und deinen Kittel anziehen."* Es kommt, wie es kommen muss, Þórð wird anstelle seines Herrn erschlagen. Der Sagaautor kommentiert mitleidslos: „... *da waren Mut und Verstand in gleichem Maß vorhanden, denn von beiden war nichts da."*

Doch es gibt auch andere Beschreibungen; in der „Saga der Leute aus dem Laxárdal" wird von dem Knecht Ásgaut erzählt: „*Er war kräftig und geschickt, und auch wenn er Knecht gerufen wurde, konnten sich wenige, obwohl sie sich Freie nannten, mit ihm messen."* Später schenkt ihm seine Herrin für seine treuen Dienste die Freiheit und Geld. Dafür kauft sich Ásgaut im folgenden Sommer einen Platz für die Überfahrt auf einem Schiff nach Norwegen, lässt sich später in Dänemark nieder und erwirbt sich dort „*den Ruf eines tatkräftigen Mannes."*

Sklaven konnten aus allen Gesellschaftsschichten stammen. Sagas und Chroniken berichten von Männern, Frauen und Kindern, die im Krieg sowie auf Raubzügen zu Wasser und zu Land erbeutet und auf Sklavenmärkten verkauft wurden. Einem Chronisten zufolge versklavten Skandinavier aus Dublin im Jahr 871 eine große Zahl von englischen Männern und schottischen Pikten. Ob diese auf der Bewirtschaftung der heimatlichen Höfe Verwendung fanden oder ins Ausland verkauft wurden, wird nicht berichtet. Als Preis für einen kräftigen Mann werden in einer alten Quelle 306 Gramm Silber genannt, Frauen kosteten 204 Gramm Silber. Der Preis für ein Kettenhemd – zum Vergleich – lag bei 820 Gramm. Die „prominentesten" (in den Sagas erwähnten) Sklaven waren königlichen Geblüts wie beispielsweise die irische Königstochter Melkorka oder der spätere norwegische König Óláf Tryggvason, der als Dreijähriger von Piraten gekapert und *„gegen einen kräftigen und guten Schafsbock"* eingetauscht wurde. Sechs Jahre später entdeckte ihn ein Verwandter auf einem Markt und kaufte ihn frei. Sklaven konnten sich auch selbst freikaufen oder freigelassen werden. Der Schmied Toke aus Hörning bei Århus setzte beispielsweise dem Bauern Gudmunsson einen Runenstein zum Gedenken, weil er ihm *„Geld und Freiheit schenkte"*.

In Schweden findet man noch bis ins 14. Jahrhundert zahlreiche Testamente, in denen der Erblasser seinen Sklaven die Freiheit gibt.

Es ist nicht sicher, ob es vor der Wikingerzeit im Norden eine „Klasse" von Unfreien gegeben hat. Möglicherweise entdeckten die Wikinger erst mit den ersten Überfällen gegen Ende des 8. Jahrhunderts, dass Sklaven nicht nur ein lukratives Handelsgut waren, sondern auch nützliche Helfer auf dem heimatlichen Hof sein konnten, wenn man selbst auf Wikingfahrt war.

Es gab auch Arbeitskräfte, die bezahlt wurden. In der „Brennu-Njáls saga" kommt ein Mann auf den Hof Njáls, um Arbeit zu suchen *„Ich kann ackern, und auch andere Tätigkeiten gehen mir leicht von der Hand"*, versichert er. Teilweise kamen die Leute, die auf Island Arbeit suchten, aus dem Ausland. In der „Grettis saga" heißt es: *„In diesem Sommer legte am Húnavatn ein Schiff an. An Bord war ein Mann namens þorgaut. Er kam aus dem Ausland und war groß und stark wie zwei Männer. Er war alleinstehend, brauchte Geld und suchte Arbeit."* Für den erhöhten Bedarf an Arbeitskräften in der Erntezeit gab es Saisonarbeiter wie Thorfinn, über den in der „Fljótsdæla saga" erzählt wird, dass er den Sommer über Lohnarbeiter, im Winter aber ohne Dienst war. Da trieb er Hausierhandel.

Wie viele Sklaven und Knechte zu einem Hof gehörten, ist schwer zu sagen. Man hat versucht, aus einigen Bestimmungen der Gesetzessammlungen des 12. Jahrhunderts indirekt auf ihre Zahl zu schließen: Im Frostathing-Gesetz (*frostaþingslov*) heißt es beispielsweise, dass einem Mann, der geblendet worden war, ein (mittelgroßer) Hof mit zwölf Kühen, zwei Pferden und drei Sklaven als Entschädigung zustand. Snorri Sturluson berichtet über den norwegischen Jarl Erling Skjalgsson, auf dessen Gehöft dreißig Sklaven lebten: „*Durch die-se Knechte ließ er alles Tagwerk verrichten.*"

Die freien Männer, die *karlar,* bildeten die Basis der Gesellschaft. Die meisten von ihnen waren – von gelegentlichen Raubzügen und Handelsfahrten abgesehen – Bauern, wobei die Bauern keineswegs alle gleich waren. Es gab große Unterschiede, die vom Besitz und der Familie bestimmt waren. Zu den Freien gehörten reiche ebenso wie arme Landbesitzer, aber auch abhängige Pachtbauern und verarmte Bauern, die kein eigenes Land (mehr) besaßen. In den Sagas gibt es mehrere Beispiele dafür, dass der Bauer mit den Knechten/Sklaven zusammenarbeitete. In der „Saga von Gunnlaug Schlangenzunge" wird berichtet, dass die Wände von Þorsteinns Thingbude eingestürzt waren. Er sammelte Männer, die ihn zum Valjell, der damaligen Thingstätte der Leute aus dem Borgarfjord, begleiteten, um die Hütte wieder aufzurichten und auch gleich zu vergrößern – mit dabei waren ein reicher Schiffsführer aus Norwegen, ein Knecht und ein wenig begüterter Pächter Þorsteinns. In der Saga heißt es: „*Als sie nun bei den Thinghütten ankommen, machen sie sich gemeinsam an die Arbeit und richten die Wände wieder auf.*" In einer anderen Saga wird beschrieben, wie Björn im Frühjahr nach Vellir reitet, „*... um dort seine Hammel abzuholen und das Tal hinaufzutreiben ... Seine Hausknechte waren ebenfalls dabei.*"

Ob ein Bauer mitarbeitete, wird an der Größe des Hofes gelegen haben, an der Zahl der Knechte, die ihm zur Verfügung standen, aber auch an seinem mehr oder minder arbeitsamen Charakter. Körperliche Arbeit wurde nicht als minderwertig angesehen, wenn es sich nicht gerade um die als niedrig erachteten, den Knechten vorbehaltenen Tätigkeiten wie Ausmisten und Torf stechen handelte.

In der „Heimskringla" erzählt Snorri, dass der junge Ólaf Haraldsson (der Heilige) auf den Hof seines Stiefvaters König Sigurd Syr in Ringerike kommt. Seine Mutter Asta empfängt ihn freudig und schickt zwei Boten, um ihrem Mann „*draußen auf dem Feld*" Bescheid zu geben. Sie brachten ihm gleich seine Festkleider „*ferner sein Pferd mit einem vergoldeten Sattel und mit einem Gebiß, das mit edlen Steinen be-*

setzt und ganz vergoldet war". König Sigurd war nicht sonderlich begeistert, mitten in der Heuernte gestört zu werden: *„Er hatte dort eine Menge Leute. Einige schnitten Korn, andere banden es auf, wieder andere fuhren es heim, manche stapelten es auch auf oder schafften es in die Scheunen.*" Snorri beschreibt Sigurd als einen arbeitsamen, tüchtigen Mann: *„Er prunkte nicht nach außen ...*" In diesem Fall aber blieb ihm keine Wahl. Er warf sich einen Mantel von Scharlach über, gürtete das schön verzierte Schwert, heftete goldene Sporen an sein Schuhwerk und setzte sich einen vergoldeten Helm auf das Haupt. Derart herausgeputzt bestieg er sein Pferd. Zusätzlich ließ er noch dreißig Mann *„in schöner Kleidung"* kommen, um seinem (ebenfalls königlichen) Stiefsohn entgegenzutreten.

Doch selbst wenn ein König bei der Heuernte half und ein Bauer bei dem Aufrichten eines Stalls oder beim Schafetreiben mit seinen Knechten Hand in Hand zusammenarbeitete, bedeutete das nicht, dass man gesellschaftlich auf einer Stufe stand. In den „Isländersagas" wird (schon anhand der Kleidung) deutlich, dass den Autoren des 13. Jahrhunderts enorm daran gelegen war, die sozialen Unterschiede klarzustellen. Sie schreiben aus der Position der „upper class". Die detailreichen Genealogien, die viele Sagas einleiten, verleihen den Protagonisten Bedeutung und stärken ihre Stellung – vor allem, wenn sie ihre Herkunft auf norwegische Bezirksoberhäupter und sogar Könige zurückführen können. Die Herkunft war extrem wichtig. Die Beleidigung oder Missachtung der Standesehre ist Auslöser für Fehden, die sich mitunter über mehrere Generationen hinziehen und den Handlungsverlauf ganzer Sagas bestimmen. So fühlt sich Halli Sigurðarson (im ersten Kapitel der „Valla-Ljóts saga") in seiner Ehre verletzt, als der reiche, aber seiner Meinung nach nicht ebenbürtige Bauer Torfi um die Hand seiner verwitweten Mutter anhält, und er bringt diesen noch vor der bereits vereinbarten Hochzeit unter einem Vorwand um.

In der Kriegergesellschaft war die Ehre ein hohes Gut, die Kränkung der Ehre führte fast zwangsläufig zu kriegerischen Auseinandersetzungen. Kämpfe konnten zur Steigerung der Ehre beitragen, wenn sie zwischen Personen der gleichen sozialen Schicht ausgetragen wurden. Ein Häuptling, der einen Bauern zum Kampf herausforderte, konnte keine Ehre gewinnen. Im Gegenteil, es war undenkbar, sich mit diesem auf die gleiche Stufe zu stellen.

Auch die Gabe von Geschenken war strengen Regeln unterworfen, deren Nichteinhaltung eine schwere Beleidigung sein konnte. Es kam darauf an, das richtige Geschenk zum richtigen Zeitpunkt an die richtige Person zu geben. Beispielsweise musste der Austausch von Geschenken bei Personen ungleichen Standes immer vom Ranghöheren ausgehen. Der Rangniedrigere konnte dem Ranghöheren keine Waffen schenken, sondern nur umgekehrt. Nur sehr reiche, hochgestellte Persönlichkeiten konnten den König beschenken, dieser freute sich über Falken, Segel und Pferde.

Obwohl im Prinzip alle freien, waffenfähigen Männer auf dem Thing Versammlungs- und Stimmrecht besaßen, lagen die wichtigen Entscheidungen letztendlich doch in der Hand einer vergleichsweise kleinen, Land besitzenden Oberschicht von Männern. Archäologisch nachgewiesen sind Einzelhöfe, die die anderen Höfe einer Siedlung an Größe weit übertrafen. Sie werden als Wohnsitze von Häuptlingen oder anderen einflussreichen und wohlhabenden Persönlichkeiten interpretiert.

Die gesellschaftlichen Hierarchien lassen sich anhand der Grabbeigaben deutlich erkennen; reich ausgestattet sind die Gräber von Häuptlingen und Königen, ohne Beigabe die Gräber der Knechte und Mittellosen. Die Unterschiede innerhalb einer Kriegertruppe zeigen zwei Bootsgräber auf der estländischen Insel Saaremaa. Dort legten Archäologen 2013 zwei Kriegsschiffe frei, sie datieren in die Zeit um 700 und waren gefüllt mit toten Skandinaviern. In dem kleineren der beiden Boote lagen sieben Männer im kampftüchtigen Alter zwischen 18 und 45 Jahren ziemlich durcheinander: einige zu zweit, andere alleine, ein paar lehnten zusammengesunken an der Bordwand. Nur 30 Meter weiter befand sich ein weiteres Schiff, dessen Crew ganz offensichtlich einen höheren Status genossen hatte. Die 33 Toten waren ordentlich in Reihen geschichtet, je vier übereinander und sorgsam mit ihren Schilden bedeckt. Die unten liegenden Krieger trugen einfache Eisenklingen als Waffen, wohingegen die oben liegenden mit doppelschneidigen Schwertern mit reich verzierten Griffen ausgestattet waren. Der Griff eines dieser Schwerter war mit Juwelen verziert. Es lag neben einem Mann, dem eine Schachfigur aus Walrosselfenbein im Mund steckte, ein Hinweis auf seine hohe, möglicherweise königliche Herkunft. Von Gleichheit konnte in der wikingerzeitlichen Gesellschaft nicht die Rede sein – weder im Leben noch im Tod.

Die Wikinger kamen mit dem Klima und den Naturbedingungen in den neu besiedelten Ländern gut zurecht

Die Wikinger waren harte Männer, die Wind und Wetter trotzten und jede Art von Herausforderung ungeachtet des Klimas annahmen. Über den fehdefrohen, jungen König Harald, der den ganzen Winter auf seinem Schiff verbrachte und im norwegischen Romerike heerte, dichtete der Skalde Þorbjörn Hornklofi:

> *„Jung Herdglut haßt' er –*
> *Nie hockt' er drinnen –*
> *Frauenstuben, warme,*
> *Futter von Daun'handschuh'n."*

Dass es überhaupt Daunenhandschuhe gab, verwundert fast, und doch auch wieder nicht. Das Klima war rau im Norden und auf hoher See. Archäologisch nachgewiesen sind Kapuzenpullover, die die Ohren vor frostklirrenden Winden schützten; manche verfügten über eine, an die Kapuze angefügte Gesichtsmaske gegen die eisige Gischt.

In der „Saga von Eirík dem Roten" wird von der Seherin Þorbjörn erzählt, die im Winter oftmals zu Festen eingeladen wurde, wenn die Leute etwas über ihr Schicksal oder die Ernte des kommenden Jahres wissen wollten. Einmal lud sie Þorkell, der größte Bauer der Siedlung ein, um „*herauszufinden, wann die schlechten Jahre, unter denen alle litten, zu Ende gehen würden*". Die Seherin kam wohlbehalten auf dem Hof an, sie war gut gegen die grönländische Kälte gerüstet, auf dem Kopf trug sie „*eine Kappe aus schwarzem Lammfell, die mit weißem Katzenfell gefüttert war ... Ihre Füße steckten in gefütterten Kalblederschuhen ... und ihre Hände in Handschuhen aus Katzenfell, die innen weiß und flauschig waren*". Das Fellmaterial war vermutlich nicht ganz alltäglich und erinnert an Freyja, die nicht nur die Göttin der Liebe, sondern auch Lehrerin der Magie war, und die mit einem von Waldkatzen gezogenen Wagen unterwegs gewesen sein soll.

In der altnordischen Literatur werden viele Situationen erwähnt, in denen ein wärmendes Feuer von Nutzen ist. Als klug erachtet wird in der Spruchdichtung der „Edda" ein Mann, der abschätzen kann, wieviel Brennholz er braucht, damit „*... es ihm reicht/für jede Jahreszeit*". Einem (guten) Gastgeber wird geraten: „*Feuer braucht,/wer ins Haus eintritt/mit kalten Knien ...*"

Denjenigen, der in unwirtlichen Gefilden unterwegs war, konnten die widrigen Bedingungen aber auch leicht das Leben kosten: „*Sie kamen weit hinaus in windkaltes Eis, in unbewohntes Land, bedürfend der Trocknung und Nahrung. Ein Unglück kann das Glück fortnehmen, (so dass man) früh stirbt.*" So lautet die Inschrift auf dem verloren gegangenen Runenstein von Hønen in Buskerud, Norwegen. Die Datierung ins 11. Jahrhundert und auch die Übersetzung sind unsicher, aber so könnte es gewesen sein, wenn die Wikinger im Eismeer unterwegs waren.

Die Nordmänner waren, was das Klima anging, nicht verwöhnt, als sie sich gen Westen aufmachten, um neue Länder zu entdecken und zu besiedeln. In Island und Grönland aber trafen sie auf weit extremere Naturbedingungen, als sie es aus ihren Heimatländern gewohnt waren. Schon die Namensgebung von Island (Eisland) verweist auf frostige Bedingungen, die von Grönland („Grün"-Land) ist Teil einer clever inszenierten Werbekampagne. Die Wikinger, die Island entdeckt haben sollen, hießen Naddod, Garðar und Raben-Flóki. Ihre Erlebnisse werden in voneinander abweichenden Fassungen des „Landnahmebuchs" (*Landnámabók*, geschrieben um 1100) wie auch in zwei lateinischen Quellen aus dem späten 12. Jahrhundert geschildert. Den Berichten ist zu entnehmen, dass der Norweger Naddod und der Schwede Garðar Svavarsson (unabhängig voneinander) im Sturm von ihrem geplanten Kurs abkamen und an eine ihnen gänzlich fremde Küste verschlagen wurden. Sie nahmen die unbekannte Insel in Augenschein, gaben ihr den Namen Schneeland und Garðarholm und kehrten in die Heimat zurück. Die Nachricht ihrer Entdeckung verbreitete sich rasch, und um 860 rüstete der Norweger Flóki Vilgerðarson ein Schiff aus: An Bord hatte er seine Familie, Gefolgsleute, Vieh und drei Raben, die ihm den Weg weisen sollten. Seine Reise führte ihn über die Shetlandinseln, zu den Färöern und weiter nach Island. Flóki ließ sich mit seiner Familie im Westen Islands am Vatnsfjord nieder, in dem es von Fischen nur so wimmelte. Das Leben der Pioniere schien gesichert, doch es kam anders, denn „... *über dem Fischfang versäumten sie es, Heu zu machen, und im Winter starb ihnen ihr ganzes Vieh. Das Frühjahr war recht kalt. Da ging Flóki nach Norden auf die Berge und sah einen Fjord voller Treibeis. Daher nannten sie das Land Island".* Verbittert packte Flóki seinen Hausstand zusammen, wurde aber im Spätsommer durch widrige Winde am Fortsegeln gehindert und konnte die Insel erst nach einem weiteren langen Winter verlassen. Obwohl er später nach Island zurückkehrte, ging ein Westnorweger namens Ingólfur Arnarson als der erste dauerhafte Siedler Islands in die Geschichtsbücher ein.

Ingolf brach 874 mit einem gut ausgerüsteten Schiff in der Absicht auf, sich in dem von Flóki beschriebenen „Eisland" niederzulassen. Vor seiner Ankunft in Island warf er seinen (Thor geweihten) Hochsitzpfeiler ins Wasser, um sich dort anzusiedeln, wo sie an Land trieben. Das war damals ein üblicher Brauch. Im Südwesten des Landes fand er sie schließlich wieder, dort, wo heute Reykjavík, die

Hauptstadt Islands liegt. Der Name Reykjavík bedeutet „rauchende Bucht" und ist auf die dampfenden heißen Quellen in der Umgebung zurückzuführen. Ingolf nahm den gesamten Südwesten in Besitz und blieb dort bis an sein Lebensende als Fischer, Bauer und Viehzüchter. *„Es begann nun aber aus Norwegen eine große Auswanderung hier herüber …"*, notiert Ari þorgilsson im „Buch der Isländer" (*Íslendingabók*, um 1125).

Bemerkenswert zielstrebig nahmen die nordischen Pioniere die ihnen völlig unbekannte Insel in den folgenden Jahrzehnten in Besitz. In den Sagas entsteht der Eindruck, dass die Neuankömmlinge mit großer Treffsicherheit das beste verfügbare Land auswählten. Häufig wies der vor der Ankunft in Island über Bord geworfene Hochsitzpfeiler den Weg zu dem richtigen Siedlungsplatz. Nur in wenigen Fällen dauerte der Prozess etwas länger wie bei dem bereits erwähnten Ingólfur Arnarson, der drei Jahre nach seinem Pfeiler suchen ließ, bevor er sich dauerhaft niederlassen konnte. Die meisten Landnehmer mussten nicht so lange warten, sie kamen an, steckten sich ein gewaltiges Stück Land ab und begannen zu wirtschaften.

Die in den vergangenen Jahrzehnten von Archäologen gewonnenen Erkenntnisse vermitteln ein anderes Bild. Es deutet viel darauf hin, dass eine große Anzahl der frühesten Ansiedlungen schnell wieder aufgegeben wurde. Man hatte die Bedingungen vor Ort falsch eingeschätzt, was angesichts der extremen Naturerscheinungen und Witterungsverhältnisse nicht verwundert. Island besitzt nicht nur die größten Gletscher, sondern zugleich den aktivsten Vulkanismus in Europa. Durchschnittlich alle fünf Jahre konnten die Kolonisten mit größeren Erdbeben und Vulkanausbrüchen rechnen. Das Landesinnere bestand und besteht zu weiten Teilen aus unwegsamen Bergen und einer unfruchtbaren Hochebene, die mit Lava, Asche und Eis bedeckt ist. Die besiedelbaren Gebiete beschränkten sich auf die Küstenregionen, wo der Golfstrom das Klima milderte. Hier gab es ausgedehnte Graslandflächen, die sich für die Viehhaltung eigneten. Die Neusiedler waren von Beginn an auf ein bäuerliches Dasein eingerichtet. Bei ihrer Ankunft auf Island hatten sie Pferde, Kühe, Schafe, Schweine und Ziegen mit an Bord. Wie wichtig für einen Hof die Nähe zur Küste war, wurde manchem Siedler erst später klar. Fisch war für die erste Generation von Siedlern das wichtigste Nahrungsmittel. Das wenige Vieh, das man an Bord der Schiffe mit nach Island gebracht hatte, musste sich erst einmal akklimatisieren und vermehren. Schon die ersten Siedler stellten fest, dass das Vieh, das während des Sommers oben im Hochland weidete, *„besser und fetter"* wurde. Darum errichteten viele einen kleinen Sommerhof oben in den Bergen, von wo aus die Schafe bequem versorgt werden konnten. Die Milchprodukte – Käse, Butter, Skyr – wurden auf dem Pferderücken hinunter zum Haupthof gebracht. Nach und nach stellte man fest, dass die Schafe am besten mit dem Klima und den Naturgegebenheiten zurechtkamen, sie waren unkompliziert zu halten. Die Wolle wurde zu *Vaðmal* verarbeitet – ein in ganz Skandinavien hoch geschätztes Zahlungsmittel, das Bares ins Haus brachte.

Es kostete enorme Anstrengungen, das Vieh – vor allem die Rinder – durch den Winter zu bringen. Man erntete jeden Grashalm und doch reichte das Heu oft nicht bis zum nächsten Frühjahr. Verhinderte ein verregneter und kühler Sommer das Einbringen einer ausreichenden Menge Heu als Winterfutter für die Tiere, drohte eine Hungersnot. *„Es war ein sehr feuchter Sommer, so dass das Heu verdarb"*, lautet eine typische, beiläufige Bemerkung in den Sagas. *„Um die Winterzeit brach ein großer Futtermangel aus und ein Viehsterben"*, heißt es an anderer Stelle. Als nach einem Hungerjahr auf dem Thing beraten wurde, was zu tun sei, kam der Vorschlag, Greise und Säuglinge zu töten. Es wurde dann aber beschlossen, stattdessen die Pferde zu schlachten; kein Bauer sollte mehr als zwei Pferde zurückbehalten.

Hunger stellte für die Menschen – die Armen wie die Reichen – eine ständige Bedrohung dar. Immer wieder gab es Hungersnöte, die letztendlich rund hundert Jahre nach der Besiedlung Islands zum letzten großen Wikingervorstoß Richtung Westen führten, zunächst nach Grönland und von dort weiter an die Küste Nordamerikas. Hauptfigur dieser Entdeckergeschichte war Eirík der Rote (*Eiríkur rauði*), dessen Geschichte in der nach ihm benannten Saga erzählt wird: Um 960 mussten Eirík und sein Vater þorvald Norwegen verlassen, *„weil sie in Totschläge verwickelt waren"*. Als sie nach Island kamen, war dort das beste Land bereits vergeben. Dank einer guten Heirat, konnte sich Eirík wenig später (land-) wirtschaftlich verbessern, aber es dauerte nicht lange, bis er auch in der neuen Heimat in Schwierigkeiten geriet. Wegen weiterer Totschläge wurden Eirík und seine Anhänger auf dem Þórsnes-Thing geächtet und zu drei Jahren Friedlosigkeit verurteilt. Er beschloss, die Zeit zu nutzen, um *„das Land zu suchen, das Gunnbjörn, der Sohn Úlf Krákas, gesehen hatte, als er westwärts abtrieb ..."* Er setzte Segel gen Westen und gelangte an die unwirtliche Ostküste Grönlands. Er umrundete die Südspitze Grönlands und verbrachte die drei Exiljahre damit, das Land zu erkunden. Zwischen eisbedeckten Bergen stieß er auf überraschend üppiges Grasland, das sich gut für die Viehzucht eignete. Bevor Eirík nach Island zurückkehrte, steckte er in Brattahlíð am Eiríksfjord ein zum Siedeln geeignetes Landareal ab.

Nach Hause zurückgekehrt schwärmte Erik von *Grœnland,* dem „Grünen Land", das er so nannte, weil er glaubte *„die Leute werden lieber dorthin gehen, wenn das Land einen anziehenden Namen hat"*. Es gab genügend Leute, die bereit waren, ihm zu folgen. Die Zeiten waren schlecht auf Island. Vulkanausbrüche, Stürme und Treibeis vor der Küste erschwerten das ohnehin harte Dasein.

Die ersten Grönlandkolonisten ließen sich in der Umgebung des heutigen Julianahaab nieder. Diese sogenannte „Ostsiedlung", in der auch Brattahlíð, der Hof Eiríks des Roten lag, umfasste den schriftlichen Quellen zufolge 190 Höfe. Rund 700 Kilometer weiter nordwestlich, im Gebiet des heutigen Godthaab, wurde etwas später die sogenannte „Westsiedlung" gegründet, die aus 90 Höfen bestand. Die archäologisch nachgewiesene Anzahl von Höfen übertrifft diese Zahlen um einiges. Es wird geschätzt, dass die skandinavische Bevölkerung auf Grönland in ihrer Blütezeit etwa 2 000 Menschen zählte. Sie lebten in den geschützten Bereichen der inneren Fjorde, wo die klimatischen Bedingungen weniger extrem als an der Küste waren. Analysen des Grönlandeises haben ergeben, dass die Ankunft an der grönländischen Westküste im Jahr 980 mit einer relativ milden Klimaperiode zusammenfiel.

Dem Verfasser des „Königsspiegels" (13. Jh.) zufolge wurde sogar versucht, Getreide anzubauen, aber, so fügt er hinzu: „*... es ist doch die große Menge im Lande, die nicht weiß, was Brot ist und noch nie Brot gesehen hat.*" Neuere archäologische Funde bestätigen den schriftlichen Bericht. Forscher des dänischen Nationalmuseums in Kopenhagen entdeckten 2012 in einem Abfallhaufen aus den Anfangsjahren der südgrönländischen Wikingersiedlung kleine Stückchen verkohlter Ähren – die Neuankömmlinge müssen demnach gleich nach der Ankunft mit dem Anbau des Getreides begonnen haben. Sie hielten Schafe, fischten und gingen auf die Jagd. Daunen, Tran und Walrosszähne entwickelten sich zu kostbarem Handelsgut. Die skandinavischen Grönländer selbst blieben immer vom Handel abhängig. Im „Königsspiegel" heißt es: „*... das Land liegt so weit abseits von anderen Ländern, dass Leute selten dorthin fahren. Und was sie immer brauchen, um dem Lande aufzuhelfen, das müssen sie alles von anderen Ländern kaufen, Eisen und ebenso alles Holz, das sie benötigen, um Häuser zu errichten.*"

Mit der zunehmenden Verschlechterung des Klimas wurde das Leben härter. In der „Eiríks saga" ist immer wieder von schwierigen Zeiten die Rede: „*Zu dieser Zeit herrschte in Grönland große Hungersnot. Die Männer, die zum Jagen und Fischen ausgezogen waren, brachten kaum Beute nach Hause, und einige kamen gar nicht mehr zurück.*"

Nach und nach wurden die Siedlungen, eine nach der anderen, wieder aufgegeben. Als Ursache galt lange die sogenannte „kleine Eiszeit", die ab Mitte des 14. Jahrhunderts die ganze Nordhalbkugel betraf. Es gibt aber Hinweise, dass Grönland bereits vor Beginn der kleinen Eiszeit einen deutlichen Kälteeinbruch erlebte und der Niedergang der Siedlungen viel früher begann, als bisher angenommen. Wissenschaftler aus den USA und Großbritannien analysierten unmittelbar in der Nähe früherer Wikingersiedlungen (um die heutige

Stadt Kangerlussuaq) gewonnene Bohrkerne und fanden heraus, dass
an der Westküste Grönlands die lokalen Temperaturen um das Jahr
1100 etwa 80 Jahre lang um vier Grad niedriger waren als zuvor. Die
Sommer wurden innerhalb eines vergleichsweise kurzen Zeitraums
fühlbar kürzer und kühler, es kam zu Ernteausfällen. Das (Treib-) Eis
vor der Küste nahm zu, Handelsschiffe kamen immer seltener nach
Grönland. Mitte des 14. Jahrhunderts hörte der regelmäßige Schiffsverkehr mit Norwegen und Island schließlich ganz auf. In dieser Zeit
zogen die im Norden Grönlands lebenden Inuit, den Seehunden fol-
gend, wieder nach Süden, wo es zu Zusammenstößen mit den skandinavischen Siedlern kam. Die Ureinwohner werden in den altnordischen Quellen wenig respektvoll *skrælinger* genannt, was etwa mit
„Schwächlinge" oder auch „hässliche Menschen" übersetzt werden
kann.

Aus einer norwegischen Grönlandbeschreibung geht hervor, dass
die Westsiedlung der Skandinavier um 1360 öde und entvölkert da-
lag; die archäologischen Befunde stützen diese Darstellung. Die Ostsiedlung bestand noch bis ins 15. Jahrhundert. Eines der letzten großen Feste auf Grönland wird die Hochzeit von Þorsteinn Óláfsson und
Sigriðr Bjarnardóttir gewesen sein. Die Zeremonie fand am 14. Sep-
tember 1408 in der kleinen, mit Grassoden bedeckten Kirche von
Hvalsey statt. Die frisch getrauten Eheleute verließen kurz nach der
Hochzeit die Insel und zogen nach Island, wo sie gegenüber dem dor-
tigen Bischof schriftlich nachweisen mussten, dass sie den Bund fürs
Leben rechtmäßig nach den Regeln der Kirche geschlossen hatten.
Ihre Protokolle sind das letzte schriftliche Zeugnis, das direkt vom
Leben der Nordmänner auf Grönland berichtet.

Lange ging man davon aus, dass die Nordmänner teilweise selber
Schuld hatten an ihrem Untergang, weil sie zu „traditionsbewusst"
an ihrem skandinavischen Lebensstil festhielten und nicht bereit waren, von den Skraelingern zu lernen und sich dem Klima beispielsweise durch wärmende Kleidung (Seehundfelle) und vitaminreiche
Ernährung (rohes Seehundfleisch) anzupassen. Neuere archäologische Untersuchungen einer um 1350 von den Nordmännern verlasse-

nen, später durch den Schwemmsand von einer nahen Gletscherzunge verschütteten Siedlung zeigen ein anderes Bild. Stühle und Webstühle, Lumpen, Läuse und Abfälle waren in Eis und Sedimenten bestens konserviert und gaben bemerkenswerte Informationen über den Alltag der Nordmänner preis. Der Baugeschichte der Siedlung kann man entnehmen, dass die nordischen Siedler in der zunehmenden Kälte immer enger zusammenrückten, bis sich am Ende 40 Zimmer unter einem Dach befanden. Aus den Rinder- und Schafzüchtern der Anfangszeit der grönländischen Besiedlung wurden Robbenjäger. Die archäologischen Befunde und Knochenanalysen ergaben, dass der Fleischbedarf im frühen 11. Jahrhundert noch überwiegend durch die Haustiere abgedeckt wurde, nur zwischen 20 und 30 Prozent der Nahrung stammten aus dem Meer. Ab Mitte des 13. Jahrhunderts, als die Temperaturen fielen, das Weideland immer knapper und die Winter länger wurden, gingen zuerst die mitgebrachten Rinder ein. Anders als in anderen klimatisch ähnlich ungünstigen Regionen Nordeuropas, versuchte man offenbar nicht, die Rinder mit einer Art Notkost aus Zweigen, Seetang und Fischabfällen über die langen Winter zu bringen. Einfacher zu halten waren Schafe, Ziegen und Schweine, aber auch sie verschwanden nach und nach. Im 14. Jahrhundert schließlich bestand die Ernährung der skandinavischen Grönländer bis zu 80 Prozent aus Robbenfleisch.

Untersuchungen der Skelette in den Gräbern zeigen, dass sich die körperliche Konstitution mit den härter werdenden Lebensbedingungen verschlechterte. Knochendeformationen und Krankheiten nahmen zu. Nichts deutet darauf hin, dass blutige Auseinandersetzungen mit den Inuit zum Ende der Siedlungen beitrugen. Überstürzt haben die Grönländer ihre Siedlungen mit Sicherheit nicht geräumt. Bis auf einen goldenen Siegelring in einem Bischofsgrab hat man auf der Insel bislang keine wertvollen Gegenstände (aus Gold oder Silber) gefunden, die Bewohner scheinen ihre Habseligkeiten eingepackt zu haben und fortgegangen zu sein. Es waren vor allem die Jungen, die Grönland verließen, die Alten blieben zurück. Auf einem Friedhof aus der späten Periode fanden die Archäologen kaum noch

Skelette junger Frauen. Es scheint, als hätten die skandinavischen Grönländer am Ende vor dem Klimawandel kapituliert. Diejenigen, die noch in der Lage dazu waren, packten ihr bewegliches Hab und Gut und verließen die Region.

Kolumbus entdeckte Amerika

Bei starkem Nordsturm und dichtem Nebel wurde der Isländer Bjarni Herjólfsson im Spätsommer 986 vom Kurs abgetrieben. Er befand sich auf dem Weg zu seinen Eltern, die kurz zuvor von Island nach Grönland ausgewandert waren. Als sich der Nebel lichtete, lag eine waldbedeckte Hügellandschaft vor ihm, die nicht der Beschreibung (des ihm unbekannten) Grönlands glich. Bjarni und seine Männer segelten weiter gen Norden, bis sie nach zwei Tagen ein flaches, baumreiches Land erreichten. Nun fuhren sie noch drei Tage Richtung Nordosten und gelangten an eine felsige Küste. Bjarni war nicht daran interessiert, die neuen Küsten zu erkunden. Der Winter stand vor der Tür, er wollte ankommen. Bjarni steuerte sein Schiff Richtung Osten und erreichte nach vier Tagen endlich Grönland. Er hatte Glück, dass er dabei geradewegs die Bucht ansteuerte, in der sich seine Eltern niedergelassen hatten. Seine Entdeckung sprach sich schnell herum und weckte die Abenteuerlust der grönländischen Siedler. Es waren die Söhne Eiríks des Roten, die nacheinander aufbrachen, um sich das Land genauer anzusehen.

Zwei Sagas – die möglicherweise vor 1200 entstandene „Saga von den Grönländern" (*Grænlendinga saga*) und die jüngere, nach 1264 niedergeschriebene „Saga von Eirík dem Roten" (*Eiríks saga rauða*) – geben unterschiedliche Versionen von der Entdeckung und Erkundung „Vínlands" auf dem nordamerikanischen Kontinent. Trotz einiger fantasievoller Ausschmückungen kann man davon ausgehen, dass die Sagas größtenteils auf wahren Ereignissen beruhen. Die „Grænlendinga saga", in der verschiedene Überlieferungen ohne größeren literarischen Ehrgeiz einfach aneinandergereiht werden, wirkt gegenüber der literarisch ambitionierteren „Eiríks saga rauða" zwar deutlich primitiver, sie kommt der historischen Realität aber möglicherweise näher, weil sie über eine ganze Reihe von Vínland-Expeditionen berichtet, während in der „Eiríks saga rauða" zwar mehrere Fahrten erwähnt werden, das gesamte Überlieferungswissen über Vínland in dem Bericht über eine einzige Reise untergebracht wurde.

Als erster machte sich Leif, der Sohn Eiríks des Roten, um das Jahr 1000 auf den Weg. In der „Saga von den Grönländern" wird er als ein starker, schöner und in jeder Hinsicht besonnener Mann beschrieben, also definitiv niemand, der sich unvorbereitet in ein Abenteuer mit ungewissem Ausgang stürzte. Vor der Abreise suchte er Bjarni auf und brachte alles in Erfahrung, was es über die Fahrt zu den neu entdeckten Ländern zu wissen gab. Er erkundigte sich nach allem, was Bjarni von seiner Fahrt in Erinnerung hatte, er fragte nach Strömungen, Untiefen, markanten Landmarken und Felsformationen, an denen er sich orientieren konnte – es gab noch keinen Kompass.

Leif kaufte Bjarni das Schiff ab und heuerte eine zuverlässige Mannschaft an, insgesamt fünfunddreißig Mann. Er folgte mit seinen Männern Bjarnis Reise in umgekehrter Reihenfolge. Zuerst erreichten sie das Land, das Bjarni zuletzt gesehen hatte. Anders als Bjarni guckten sie sich an der unwirtlichen Küste um: *„Nirgends sahen sie dort Gras. Große Gletscher bedeckten den höher gelegenen Teil des Landes. Vom Meer bis zu den Gletschern war das Land wie ein einziger flacher Stein und erschien ihnen unfruchtbar."* Sie nannten das Land Helluland, das Flachsteinland, kehrten zum Schiff zurück und stachen wieder in See. Das zweite Land, das sie fanden, *„war flach und bewaldet, hatte viele weiße Strände und fiel sanft zum Meer ab"*, sie nannten es Markland – „Waldland". Nach zwei weiteren Tagen und Nächten auf See kamen sie zu einer Insel, dort gingen sie an Land: *„... und merk-*

ten, dass Tau das Gras benetzte. Es ergab sich, dass sie ihre Hände damit befeuchteten, sie in den Mund nahmen und meinten, noch nie etwas so Süßes gekostet zu haben." Sie segelten in die Meerenge zwischen der Insel und einer Landzunge, der sie an Bord ihres Schiffes folgten. Die Lachse waren zahlreich und größer als alle, die sie je gesehen hatten. Sie beschlossen zu bleiben und errichteten Hütten. Bei ausgedehnten Erkundungszügen fanden sie zu ihrer großen Freude Weintrauben, und nannten das Land Vínland – „Weinland". Bevor sie im folgenden Jahr nach Grönland zurückkehrten, ernteten sie einen Tag lang Trauben, einen weiteren Tag lang fällten sie Bäume und stachen schließlich reich beladen mit Trauben und Holz in See. Die Rückreise verlief gut, der Fahrtwind war günstig, und weil Leif auf der Heimfahrt noch fünfzehn Schiffbrüchige von einer Schäre rettete, erhielt er den schmückenden Beinamen *hinn heppni,* „der Glückliche".

Leifs Bericht von Vínland weckte entsprechend großes Aufsehen, viele Grönlander waren der Meinung, dass man versuchen solle, das Land, das Leif entdeckt hatte, ausfindig zu machen. Unter den ersten, die aufbrachen, war der „Saga von den Grönländern" zufolge Leifs Bruder Þorvald. Während seiner Expedition kam es zu Feindseligkeiten mit den Eingeborenen, die sie (wie auch schon die grönländischen Inuit) *skrælingar* nannten. Beschrieben werden sie in der „Eiríks saga" als *„schwarze, grimmige Männer mit struppigem Haar, großen Augen und breiten Wangen".* Bevor sie zurückkehrten, wurde Þorvald von einem Pfeil getroffen. Als er den Pfeil (aus dem Bauch) zog, kommentierte er in typisch prägnanter Sagamanier: *„Fett ist der Wanst. Wir haben ein Land von guter Beschaffenheit gefunden, aber wir werden kaum Nutzen davon haben."* Kurz darauf starb er an seiner Wunde.

Mehr Glück hatte der isländische Kaufmann Þorfinn Karlsefni, der in Brattahlíð Guðríð, die verwitwete Schwiegertochter Eiríks des Roten kennengelernt und geheiratet hatte. Mit mehreren Schiffen brachen sie von Grönland auf, um Vínland zu suchen. Sie erkundeten die Küste und gelangten an einen See im Mündungsbereich eines Flusses, in den Niederungen fanden sie wilden Weizen, und auf den Anhöhen wuchsen Weinreben. Jeder Bach war voller Fische. Sie ließen sich oberhalb des Sees nieder. Den Ort nannten sie Hóp (Haff) und blieben den Winter über dort. Die ersten Kontakte mit den Skrælingern waren friedlicher Natur. Man tauschte rotes Tuch gegen Pelzwerk und graue Felle. Sie wollten auch Schwerter und Speere, aber Karlsefni war dagegen. Schließlich kam es doch zu Auseinandersetzungen mit den Eingeborenen, bei denen es auf beiden Seiten Tote gab: *„Nun wurde Karlsefni und seinen Leuten klar, dass das Land zwar viel zu bieten hatte, sie dort aber in ständiger Angst vor den Angriffen seiner Bewohner leben müssten. Sie machten sich für die Abfahrt in ihr eigenes Land bereit ...“*

Karlsefni und Guðríð kehrten nach Grönland zurück, mit an Bord hatten sie ihren Sohn Snorri, der als erster auf dem amerikanischen Kontinent geborener Europäer in die Geschichte einging. Später ließen sie sich in Glaumbær im Norden Islands nieder, wo heute eine Tafel an den ersten europäischen „Amerikaner" erinnert.

Es wird noch viele Fahrten gegeben haben. Eine Reise von Grönland an die Küste Amerikas war nicht länger als beispielsweise von Jütland nach England; und die Möglichkeit, Holz für den Schiffbau zu besorgen, war verlockend. Die Isländer fuhren zur Holzbeschaffung nach Norwegen, für die Grönländer lag der amerikanische Kontinent näher.

Wo die in den „Vínlandsagas" beschriebenen Küstenstriche lagen, ist bis heute nicht sicher geklärt. Man ist sich weitgehend einig, Helluland mit Baffinland und Markland mit Labrador gleichzusetzen. Die genaue geographische Lage Vínlands aber ist umstritten, das Hauptproblem bei der Lokalisierung sind Leifs Weintrauben, die viele Forschergenerationen beschäftigt haben. Sie werden auch in dem ältesten Hinweis auf die Entdeckung Vínlands, in der um 1075 von Adam von Bremen verfassten Hamburgischen Kirchengeschichte, erwähnt. Adam berichtet, *„viele Männer hätten in diesem Ozean noch eine weitere Insel entdeckt; sie heiße Winland, weil dort wilde Weinstöcke wachsen, die besten Wein bringen".*

Wären die Weintrauben nicht gewesen, hätte es über die Lage von Leifs Vínland wahrscheinlich kaum noch große Debatten gegeben, nachdem das norwegische Forscherehepaar Anne Stine und Helge

Ingstad in den 1960er Jahren die Überreste einer nordischen Siedlung aus der Zeit um 1000 in L'Anse aux Meadows an der Nordspitze Neufundlands entdeckt hatte. Die Anlage bestand aus insgesamt acht aus Torf und Grassoden erbauten Gebäuden. Das größte entsprach dem Langhaustyp, wie man ihn von Island und Grönland kennt, es wies die stattliche Länge von 30 Metern auf. Der Platz wurde zwischen 989 und etwa 1040 genutzt. Die spärlichen Funde zeigen, dass die Hauptaktivitäten darin bestanden, Schiffe instandzusetzen. In einer freigelegten Schmiede scheinen vor allem Nägel angefertigt worden zu sein, wie man sie für den Schiffbau benötigte. Es fanden sich keine Hinweise, die auf Viehhaltung oder Ackerbau der Bewohner schließen lassen. Vermutlich handelte es sich nicht um eine ständige Niederlassung, sondern um Gebäude, die aufeinanderfolgende Expeditionen als Basislager für Erkundungstouren Richtung Süden nutzten. Die kanadische Archäologin Patricia Sutherland spricht von mindestens „drei Schiffsbesatzungen", unter denen sich auch Frauen befanden (in der „Eiríks saga" spielt Freydis, die Tochter Eiríks, eine beeindruckend mutige und tatkräftige, aber auch böse Rolle bei der Erkundung Vínlands und dem Scheitern der Expedition). Aufgrund der besonderen Bedeutung für die europäisch-amerikanische Frühgeschichte wurde die Siedlung L'Anse aux Meadows 1978 zum UNESCO-Weltkulturerbe erklärt, einige der Gebäude wurden rekonstruiert, das Gelände ist heute ein Freilichtmuseum.

Die Entdeckung der nordischen Siedlung an der Nordspitze Neufundlands bewies, dass die Wikinger fünfhundert Jahre vor Kolumbus den amerikanischen Kontinent erkundet hatten; für die Weintrauben aber gab es keine Erklärung. So weit oben im Norden wächst definitiv kein Wein, weder heute, noch in der Zeit der Wikinger. Es ist denkbar, dass mit den Trauben runde, traubenähnliche Früchte gemeint waren. Auch Stachel-, Moos- oder Johannisbeeren, die allesamt im Norden wachsen, lassen sich zu Wein verarbeiten. Noch heute heißt die Johannisbeere in Schweden *vinbär*, und noch heute wird daraus (Johannisbeer-) Wein gemacht. Nicht zuletzt, weil bisher keine der Erklärungen oder archäologischen Befunde das Weinbeeren-Rätsel befriedigend gelöst hat, wurde auch zu bedenken gegeben, ob es nicht sein könne, dass Leif die Geschichte mit dem Wein einfach nur erfunden hat, um das Interesse an seiner Expedition zu steigern. Man darf nicht vergessen, dass er der Sohn Eiríks des Roten war, der die Leute nach Grönland gelockt hatte, in dem er dieser gletscherreichen Region einen Namen gab, der bei seinen Landsleuten positive Erwartungen hervorrief.

Die Siedlung im neufundländischen L'Anse aux Meadows war nicht der einzige Ort auf dem nordamerikanischen Kontinent, an dem sich die Nordmänner (zeitweise) niederließen. An rund einem Dutzend Plätzen zwischen Baffin Island und Labrador belegen Funde die Anwesenheit von skandinavischen Siedlern, die Kontakte zu den Ureinwohnern unterhielten. Die Nomaden der Dorset-Kultur, die fast 2000 Jahre an den arktischen Küsten gelebt hatten, als sie gegen Ende des 14. Jahrhunderts verschwanden, waren Jäger, die Kleidung aus Tierhäuten und Fellen fertigten. Umso mehr Aufmerksamkeit weckte Ende der 1990er Jahre der Fund von gesponnenen Schnüren an der Nordspitze von Baffin Island. Die Reste ganz ähnlicher Bänder waren bereits in den 1980er Jahren bei Ausgrabungen eines Wikingergehöfts auf Grönland entdeckt worden.

Auf die Spuren nordischer Seefahrer stieß man (quasi rückwirkend) auch im Depot des Canadian Museum of Civilization in Gatineau/Quebec, wo die in der Region zwischen Baffin Island und Labrador gefundenen, pauschal in die Zeit der Dorset-Kultur datierten Artefakte über Jahre und Jahrzehnte zusammengetragen und gesammelt, aber nie genauer untersucht worden waren. 2001 wurden die bereits in den 1960er Jahren begonnenen Grabungen eines aus Stein und Torfsoden erbauten Gehöftes in Tanfield Valley an der südöstlichen Küste von Baffin Island wieder aufgenommen. Was Jahrzehnte zuvor nur als vorsichtige Vermutung formuliert worden war, fand nun Bestätigung: Skandinavische Seefahrer hatten ihre Spuren auf dem unwirtlichen und windumtosten Zipfel „Helluland" hinterlassen. Abgesehen davon, dass die Ureinwohner keine Steinbauten kannten, gehörte zum nordischen Beweismaterial auch eine aus einem Walknochen gefertigte Schaufel, wie sie auf Grönland zum Stechen von Torf- und Grassoden verwendet wurde. Entdeckt wurden wiederum auf Wikingerart gefertigte Schnüre sowie Fellfragmente einer Rattenart, die es nur in der Alten, nicht aber in der Neuen Welt gab. Man nimmt an, dass die Nagetiere als blinde Passagiere an Bord der Schiffe nach Baffin Island gelangten. Einige der über zwei Dutzend vor Ort gefundenen Wetzsteine, die dem Schärfen von Klingen dienten und zur Standardausrüstung eines jeden Wikingers gehörten, wiesen Spuren von Kupferlegierungen wie Bronze auf – einem Material, mit dem die skandinavischen Schmiede arbeiteten, das den arktischen Ureinwohnern aber unbekannt war.

Viel deutet auf friedliche Kontakte und Handelsbeziehungen zwischen den Dorset-Jägern und den Nordmännern hin. Die karge Gegend war reich an Polarfüchsen, deren Fell ein attraktives Handelsgut darstellte. In unmittelbarer Nähe der Wikingersiedlung scheinen Felle präpariert worden zu sein, die die Dorset-Nomaden gegen Holzstücke zum Schnitzen und kleine Metallbrocken (für die Herstellung von Messern) eintauschen konnten. Volle vier Jahrhunderte lang, meint Patricia Sutherland, trieben die skandinavischen Grönländer Handel in der Frostwelt Neufundlands.

Wie weit sie in den Süden des amerikanischen Kontinents vorstießen, ist nicht sicher. In der „Saga Eiríks des Roten" heißt es über Vínland: *„Es gab im Winter keinen Frost, und das Gras welkte kaum. Die Tage und Nächte waren nicht so unterschiedlich lang wie in Grönland oder Island. Im tiefsten Winter ging die Sonne zur Mitte des Morgens auf und war zur Mitte des Nachmittags noch zu sehen."* Die Suche geht weiter. An Vorschlägen, wo Vínland gelegen haben könnte, mangelt es nicht – sie reichen vom südlichen Neufundland über Maine, Massachusetts bis nach Florida.

Die Wikinger überquerten den Atlantik in schlanken Drachenschiffen

Im Winter des Jahres 998 gab König Ólaf Tryggvason den Befehl, mit der Konstruktion eines großen Schiffes am Ufer des Trondheimfjords zu beginnen. Er hatte schon vorher namhafte Kriegsschiffe besessen, mit dem „Kranich" und dem (kurzen) „Wurm" hatte er Schlachten geschlagen, doch dieses neue Schiff sollte viel größer und prachtvoller als alle anderen Schiffe des Landes werden. Dem Bau des Königsschiffes widmet Snorri Sturluson ein ganzes Kapitel in der „Heimskringla". Damals erstreckten sich im Süden Norwegens noch riesige Eichenwälder, und doch mussten Ólafs Männer vermutlich lange nach einem Baum suchen, der so hoch und gerade gewachsen war, dass sein Stamm für den massiven über 40 Meter langen Kiel des Schiffes verwendet werden konnte. Viele Männer halfen beim Bau: *„... einige fällten Bäume, andere schälten die Stämme ab, noch andere schlugen die Nägel ein oder schafften das Bauholz zur Stelle. Alles, was zum Schiffsbau gehört, war hier auserlesen gut."*

Noch während man beim Ausbau des Schiffsbordes war und bereits begonnen hatte, die Außenplanken klinkerförmig überlappend anzubringen, wurde Thorberg, der Baumeister des Schiffes in einer dringenden Angelegenheit nach Hause gerufen, wo er längere Zeit verweilte. Als er zum Bauplatz zurückkehrte, war die Beplankung bereits fertig. Der König kam noch am gleichen Abend zur Schiffsbesichtigung, und jedermann sagte, *„niemals habe man ein gleich großes und schönes Schiff gesehen"*. Hoch zufrieden begab sich der König in die Stadt, kehrte aber früh am nächsten Morgen zurück, um sich das Meisterstück erneut anzusehen. Vor dem Schiff fand er die tatenlosen Bauleute, in der Nacht war das Schiff schwer beschädigt worden, entlang der einen Seite des Schiffes hatte jemand tiefe Kerben in die Planken gehauen. Der König tobte und gelobte feierlich, der Mann solle des Todes sterben, der auf so niederträchtige Art und Weise das Schiff ruiniert hätte – wer ihm den nennen könne, solle eine große Belohnung erhalten. Da trat Thorberg, der Baumeister vor und gestand mit fester Stimme: *„... ich war der Täter."*

„Dann sollst du alles so wiederherstellen, daß es ebenso gut wird wie früher", entgegnete der für seine Wutanfälle bekannte König überraschend mild, um dann unmissverständlich klarzumachen: *„Davon hängt dein Leben ab."* Thorberg machte sich sogleich daran, mit der Axt die dicken Planken zu behauen. Er nahm so viel ab, dass die tiefsten Einkerbungen verschwanden und die Bordwand wieder glatt wurde. Als König Ólaf und seine Männer zurückkehrten, wich ihr Zorn der Verblüffung, die in Freude überging. Das Schiff – darüber waren sich alle einig – war jetzt auf der Seite, die Thorberg zurechtgehauen hatte, viel schöner. So forderte ihn der König auf, die andere Seite des Schiffes in der gleichen Weise zu bearbeiten. Wiederum machte sich der Baumeister unverzüglich an die Arbeit. Der „Lange Wurm" wurde fertig, 34 Ruder hatten Platz auf jeder Seite, die stolz emporragenden Steven waren ganz vergoldet. Der Name *„Ormen Lange"* („Lange Schlange") war treffend gewählt. Von seinem geschwungenen, mit dem Kopf eines Drachen geschmückten Vordersteven bis zu seinem gleichermaßen geschwungenen Drachenschwanz am Hintersteven wirkte es in der Tat auf dem wogenden Meer wie ein langer Wurm, wie eine lange Schlange.

Trotz seiner Größe war das Schiff wunderbar leicht und wendig. Die dünnere Plankenwand erlaubte den Schiffbauern die Bordwand

„so hoch wie bei einem für die hohe See bestimmten Schiff" zu ziehen. Das war ungewöhnlich, sonst hätte Snorri dieses Konstruktionsdetail nicht extra erwähnt. Und hier wird deutlich, dass Langschiffe wie „Ormen Lange" nicht für die Fahrten über das offene Meer gebaut wurden – stolze, schlanke Drachenschiffe auf dem Weg nach Island oder Grönland, von dieser Vorstellung muss man sich verabschieden. Schiffe waren nicht nur Prestigeobjekte, sondern Gebrauchsgegenstände und hatten im Norden schon lange vor der Wikingerzeit eine zentrale Rolle inne. In Norwegen, Schweden und Dänemark lebten die meisten Menschen in Küstennähe oder an den Ufern großer Seen, während das von undurchdringlichen Wäldern und kargen Bergregionen geprägte Landesinnere nur spärlich besiedelt war. Der Zugang zum Meer und den Wasserstraßen – Fjorden, Flüssen – war seit jeher ein bestimmender Faktor bei der Wahl der Lage von Ansiedlungen. Anders als im Rest Europas, wo Schiffe vor allem dem Transport von Fracht dienten, hingen die Machtverhältnisse oder die Autorität vieler Herrscher in den skandinavischen Ländern von der Beherrschung des Landes und entsprechend schnellen und wendigen Schiffen ab.

Bereits im 5. Jahrhundert waren die Angeln, Sachsen und Jüten in langen, schmalen Booten über die Nordsee gerudert und in England an Land gegangen. Ein grandioses Zeitdokument ist das 1939 entdeckte Schiffsgrab von Sutton Hoo im ostenglischen Suffolk, das möglicherweise anlässlich des Todes von König Raedwald von East Anglia (um 645) errichtet wurde. Reiche Grabbeigaben wie Goldschmuck und Silberobjekte aus dem mediterranen Raum, merowingische Münzen und ein Zepter verweisen auf bemerkenswert weitreichende internationale Beziehungen und die hohe gesellschaftliche Stellung des bestatteten Herrschers oder Kriegsherrn, dessen Bewaffnung – gefunden wurden ein Helm, ein Schild und der Rest eines Schwertes – deutlich skandinavische Einflüsse aufweist. Das 27 Meter lange und 4,5 Meter breite Langschiff, dessen Schiffsrumpf (nach Art der Nordmänner) aus überlappenden Planken bestand, bot Platz für 20 Ruderer auf beiden Seiten. Die Holzelemente sind vergangen,

doch soweit man aus den im Boden hinterlassenen Eindrücken schließen kann, gibt es keinen Hinweis auf ein Segel.

Die Skandinavier begannen erstaunlich spät damit, ihre Schiffe
mit einem Segel auszustatten. Erstmals im 7. Jahrhundert taucht ein
Segelschiff als Motiv auf gotländischen Bildsteinen auf. Die Entwick-
lung des Segels bildete die Voraussetzung für das große Expansions-
zeitalter der Wikinger. Der Gebrauch von Mast und Segel vergrößerte
die Reichweite und Geschwindigkeit der Schiffe. Auf einen robusten
Mast, der umgelegt werden konnte, setzten sie ein breites, rechtecki-
ges Segel aus dicht gewebtem Wollstoff: häufig rot, manchmal einfarbig, mitunter auch geschmückt mit einem Rauten-, Karo- oder Strei-
fenmuster. Der Einbau eines Schiffkiels verlieh den Schiffen die not-
wendige Stabilität und Seetüchtigkeit. Diese waren in der Regel aus
einem einzigen Stück gefertigt und sehr flach gehalten. Das ermöglichte es den Wikingern, auch in seichten Gewässern unterwegs und
zum Anlegen nicht an einen Hafen gebunden zu sein, was vor allem
bei Überraschungsangriffen von Vorteil war. Sie konnten über das offene Meer segeln und ihre Schiffe direkt auf den Strand ziehen, wo
immer sie wollten.

Das Hochgefühl, das die Nordmänner empfanden, wenn sie mit
ihren schnellen Schiffen über das Wasser flogen, spiegelt sich in Göt-
ter- und Heldenliedern wider. Keine Gelegenheit lassen die Skalden
und Sagaschreiber aus, um die Schönheit und Seetüchtigkeit der
Schiffe zu preisen. Sie vergleichen sie mit Pferden, Vögeln, Hunden
oder Wölfen, geben ihnen Namen wie Windhengst, Wolf des Meeres,
Elch des Fjordes, Schwan des Meergottes oder Drachen (*dreki*) wie
das berühmte Schiff Harald Schönhaars (ca. 870). Aus diesem Eigen-
namen könnte die Typenbezeichnung *dreki* für Kriegsschiffe mit Drachenköpfen hergeleitet sein.

Die Schiffe wurden geschmückt und herausgeputzt, um Wohlstand und Macht zu präsentieren, selbstbewusst und stolz zeigte man,
wer man war und was man sich leisten konnte. Freunde und Verbün-
dete sollten beeindruckt, Feinde eingeschüchtert werden. Dass stolze
Drachenschiffe wie der „Lange Wurm" von Ólaf Tryggvason nicht in

das Reich der Wikingermythen gehörten, wurde klar, als in den Jahren 1880 und 1904 in den Grabhügeln von Gokstad und Oseberg am Westufer des Oslofjords zwei tausendjährige Schiffe geborgen wurden. Die Ausgrabungen brachten zwar kein Gold und Silber zutage, offenbarten aber zum ersten Mal die elegante Schönheit und handwerkliche Vollkommenheit der Wikingerschiffe. Das Eichenholz war erstaunlich gut erhalten, weil die Schiffe in blaue Tonerde eingebettet waren, die sie fast vollständig gegen Feuchtigkeit isoliert hatte. Die Schiffe wurden aufgenommen, rekonstruiert und sind heute im Wikingerschiffmuseum auf Bygdøy bei Oslo zu besichtigen. Ob sie Drachenköpfe trugen, ist nicht sicher, die Steven waren nicht erhalten. Bildliche Darstellungen zeigen, dass nicht alle Langschiffe mit Drachenköpfen ausgestattet wurden. Auf dem Teppich von Bayeux sieht man einige der Kriegsschiffe mit und andere ohne Drachenköpfe am Strand liegen. Die hölzernen Schmuckstücke waren immer abnehmbar, im isländischen Ulfljot-Gesetz wird dafür eine Erklärung gegeben: Dort wird geraten, die Drachenköpfe bei einer Fahrt über das Meer abzunehmen, ehe man Freundesland ansteuerte, um die Landgeister nicht durch sie zu erschrecken. Landete man dagegen in feindlicher Absicht, dienten sie dazu, die Schutzgeister des Ortes aufzuscheuchen.

Es sind nicht (nur) die Beschreibungen in den Sagas oder Heldenliedern, sondern vor allem diese beiden „Königsschiffe", die die landläufige Vorstellung vom Wikingerschiff geprägt haben. Doch so ähnlich sie sich auch sind – mit hochgezogenen geschwungenen Steven und der in Klinkerbauweise überlappenden Beplankung –, so präsentieren die beiden Schiffe vom Oslofjord doch jeweils ganz unterschiedliche Aspekte des wikingerzeitlichen Schiffbaus. Das wird leicht übersehen.

Bei dem Osebergschiff, das aus im Jahr 820 gefällten Eichen erbaut wurde, handelte es sich um ein in erster Linie für festliche Anlässe genutztes Prunkschiff, ein Schönwetterschiff sozusagen. Es hatte zu niedrige Bordwände, als dass man es für eine Hochseefahrt hätte einsetzen können. Auch die „sparsame" Bauweise – ein zusammengesetzter Achtersteven, ein dünner Kiel und nicht verschließbare Ruderlöcher – deutet darauf hin, dass es nicht für schwere Belastungen gebaut war und nur für kürzere Strecken im Schutz der Küste genutzt wurde. Das Schiff war vom geschwungenen Vordersteven bis zum Heck mit einem kunstvoll geschnitzten Bandornament verziert. Es war prachtvoll und elegant, aber nicht praktisch.

Das ins ausgehende 9. Jahrhundert datierte Gokstadschiff war dagegen ein hochseetüchtiges Kriegsschiff, das auch für Handelsfahrten geeignet war. Mit einer Länge von 23,30 und einer Breite von 5,25 Metern war es von mittlerer Größe. Es hatte auf jeder Seite 16 Ruderplätze. 1893 ließ der Norweger Magnus Andersen das Schiff aus dem Gokstadhügel originalgetreu nachbauen und segelte damit vom norwegischen Bergen bis nach Neufundland. Die 4 800 Kilometer lange Strecke legte er in 27 Tagen zurück und erreichte dabei Geschwindigkeiten von bis zu elf Knoten (gut 20 Stundenkilometer). Er setzte die Fahrt fort – den Hudson River hinauf, durch den Erie-Kanal in die Großen Seen bis nach Chicago. Die Fahrt erinnerte daran, dass die Wikinger nicht nur Krieger, sondern auch Siedler und Entdecker waren. Es gab viele unterschiedliche Gründe, auf den Meeren, Seen und Flüssen unterwegs zu sein – und entsprechend viele verschiedene Bootstypen, deren Form und Größe dem jeweiligen Verwendungszweck angepasst waren.

Eine Sensation bedeutete 1962 der Fund von fünf wikingerzeitlichen Schiffen, die in der zweiten Hälfte des 11. Jahrhunderts in der Peberrende (Pfefferrinne) bei Skuldelev, ungefähr 20 Kilometer nördlich von Roskilde, versenkt worden waren. Die Sperre *„zum Schutz gegen feindliche Flottenangriffe"* bestand aus drei hochseetauglichen Handels- und Transportschiffen mit einem großen Fassungsvermögen und zwei langen schmalen Kriegsschiffen, die vermutlich zu einer königlichen Flotte gehörten.

Für kriegerische Unternehmungen und Beutefahrten waren Schnelligkeit und Manövrierfähigkeit wichtig. Die langen, schlanken Kriegsschiffe, die die Wikinger für ihre Raubzüge nutzten, trugen bis zu sechzig Mann oder mehr Besatzung. Das (bislang) längste Kriegsschiff wurde 1996 im Hafen von Roskilde entdeckt, es war über 37 Meter lang mit 39 oder vielleicht sogar 40 Ruderpaaren. Gebaut wurde es irgendwann um 1025 vermutlich am Oslofjord. Das Holz, das immer frisch geschlagen und gleich verarbeitet wurde, stammt aus der gleichen Gegend wie die berühmten Schiffe aus den Grabhügeln von Oseberg und Gokstad. Es war ein schlankes, langes Kriegsschiff, das bis zu 100 Wikinger transportieren konnte, die bei Bedarf als Ruderer eingesetzt wurden. Für den Transport von Fracht und Passagieren war es wenig geeignet. Doch genau das brauchten die Entdecker und Fernhändler, die ihre Handels- und Entdeckungsreisen wochenlang über das eisige Nordmeer in ferne Regionen auf der anderen Seite des Ozeans führten.

Die Kolonisten, die Island und Grönland ansteuerten, hatten Vieh an Bord, Werkzeuge und Vorräte für mindestens einen Winter. Ihre Fahrzeuge wurden Knorr(e) (auch Knarr oder Knörr) genannt, sie waren gedrungener und robuster in ihrer Bauart, nur etwa halb so lang wie die großen Kriegsschiffe und viel breiter. Eine durchschnittliche Knorr war etwa 15 Meter lang und 4,5 Meter breit, es gab allerdings auch welche, die länger als 21 Meter und bis zu sechs Meter breit waren. Es kam nicht auf die Geschwindigkeit an. Man verwendete massivere Spanten und dickere Planken und zog die Seitenwände höher, denn das Schiff musste den Stürmen der Nordmeere trotzen können. Hier war es in seinem Element, bei heulendem Sturm in turmhohen Wellen. Ein Frachtschiff wie die Knorr, die vorwiegend gesegelt und nur in Ausnahmefällen gerudert wurde, kam mit acht bis 14 Mann Besatzung aus und bot Laderaum für Waren oder Fracht wie Vieh, Gerätschaften und Lebensmittel.

Es waren solche Schiffe, mit denen die Nordmänner nach Island aufbrachen. Auf der von Vulkanen und Gletschern geprägten Insel gab es nur niedrige Bäume, die sich nicht für den Haus- oder Schiffbau eigneten. Die Schiffe, mit denen die Siedler nach Island gelangt waren, wurden gepflegt und repariert, waren aber naturgemäß nicht mehr im allerbesten Zustand, als Eirík der Rote Anfang der 980er Jahre aufbrach, um neues Land im Westen zu suchen. Nachdem er zurückgekehrt war und viele Isländer überredet hatte, mit ihm nach Grönland auszuwandern, beluden sie ihre Schiffe. Etwa 25 Schiffe setzten im Jahr 985 oder 986 Segel nach Grönland. Doch nur 14 erreichten ihr Ziel. Möglicherweise gingen einige bei einem Seebeben unter. Viele Schiffe aber werden rund hundert Jahre nach der Auswanderung von Norwegen nach Island in einem baulich nicht mehr einwandfreien Zustand gewesen sein. Auch die skandinavischen Siedler auf Grönland waren auf die Einfuhr von Holz (und Eisen) angewiesen. Im Verlauf der Jahrhunderte nahm der lebensnotwendige Handelsverkehr allmählich ab, bis die Verbindung nach Island und Skandinavien schließlich ganz aufhörte. Zu diesem Zeitpunkt waren auch die Grönländer kaum noch unterwegs, eigene Schiffe hatten sie nicht mehr. Wenn überhaupt hatten sie ein paar Mal in ihrem Leben knorrige, dickbäuchige Handelsschiffe gesehen. Elegante Drachenschiffe kannten sie dagegen nur vom Hörensagen, aus Sagas und Heldenliedern.

Die Wikinger waren nur mit Schiffen unterwegs

Der Skalde Sigvat reiste im Auftrag des norwegischen Königs nach Schweden. Nach einem viele Meilen langen Fußmarsch durch *„Waldes Öde"* brachte er seinen Unmut in Versen zum Ausdruck:

„Königs Mannen,
mein' ich,
Mußten wund am Fuß sein!
Beide Sohlen blutig –
Bittrer Marsch das ... "

In der „Heimskringla" beschreibt Snorri Sturluson die mühevolle Tour des Skalden über Land: Auf dem Weg gen Osten gelangten Sigvat und seine Begleiter an einen Fluss und fanden dort *„eine schlechte Fähre ... nämlich eine ausgehöhlte Eiche. So kamen sie nur mit Mühe über das Wasser"*. Diese Flussüberquerung war so gefährlich, dass Sigvat um sein Leben bangte. Auch die Fortsetzung der Reise bot kaum Annehmlichkeiten, und als er endlich wieder in bewohnte Gegenden kam, wurde er von den Höfen gejagt, in denen er um Herberge für die Nacht bat. Man feierte gerade heidnische Opfer, christliche Fremdlinge waren nicht willkommen. Viermal wurde er abgewiesen und fortgejagt. *„Trolle soll'n sie holen!"* schimpfte Sigvat zornig.

Immer und überall im rauen Norden waren die Reisenden auf die Gastfreiheit der Menschen vor Ort angewiesen. Wenn nicht gerade geopfert wurde, gehörte Gastfreiheit zu den selbstverständlichen Pflichten der Nordmänner. In der „Hávamál" (der „Lieder-Edda") findet man den Rat:

„Feuer braucht,
wer ins Haus eintrat
mit kalten Knien;
Speise und Kleider
braucht der Mann,
der über die Berge ging."

Auch für Nordmänner, die nicht als Händler, Seefahrer oder Krieger in fernen Ländern unterwegs waren, gehörte das Reisen zum Alltag. Man unternahm weite Wege zu guten Jagdgründen, Bauern trieben das Vieh auf die Sommerweide. Man traf sich zu religiösen Festen oder zum Thing. Das Winterhalbjahr mit Eis und Schnee, Stürmen und Kälte bedeutete eine Unterbrechung der großen Handels- und Raubfahrten, doch dafür war es eine gesellschaftlich aktive Jahreszeit. Man besuchte einander, tauschte Geschenke und Neuigkeiten aus und schmiedete Pläne für Handelsfahrten und Entdeckungsreisen.

Das Schiff blieb während der gesamten Wikingerzeit das bevorzugte Transportmittel. Reisen auf dem Wasser waren erheblich bequemer und schneller als Reisen über Land. In der Mitte des 12. Jahrhunderts schrieb Abt Nikolaus auf Island einen kleinen Reiseführer für Pilger, die ins Heilige Land wollten. Seine Routenvorschläge mit Zeitangaben verdeutlichen den Unterschied zwischen dem Wasser- und dem Landweg. Mit starkem Rückenwind segelte man in sieben Tagen von der Ostküste Islands bis zur Westküste Norwegens, eine Strecke von etwa 1 100 Kilometer. Für die 230 Kilometer vom dänischen Viborg nach Haithabu (Hedeby), die über Land auf dem Heerweg zurechtgelegt wurden, musste man ebenfalls mit einer Woche rechnen. Die etwa 200 Kilometer lange Schifffahrt auf dem Rhein von Köln nach Mainz schaffte man wiederum in drei Reisetagen.

Nicht selten boten sich beide Möglichkeiten, um zum Ziel zu gelangen. Adam von Bremen vergleicht (um 1175) die verschiedenen Reisewege in die Bischofsstadt Sigtuna: *„Vom dänischen Schonen übers Meer segelnd erreicht man Sigtuna oder Birka in 5 Tagen, beide liegen gleich weit entfernt. Reist man dagegen über Land von Schonen durch das Gebiet der Götenstämme, über den Ort Skara, über Södertelje und Birka, dann erreicht man Sigtuna erst nach einem vollen Monat."*

Das Fortkommen über Land war mühsam. Zwar durchzogen ausgetretene, über lange Zeit genutzte Pfade das Land, doch von einem ausgebauten Straßennetz kann man im wikingerzeitlichen Skandinavien nicht sprechen. Die topografischen Gegebenheiten bestimmten den Verlauf der Wege – über unwirtliche Gebirge und verschneite Hochebenen, durch tiefe Wälder und Täler, entlang reißender Flüsse und großer Seen. Sie dienten dem Nahverkehr von Hof zu Hof, von Dorf zu Dorf, aber auch als Verbindung zwischen einzelnen Regionen und Knotenpunkten des Fernhandels.

Soweit es möglich war, folgte man den schiffbaren Gewässern und den Höhenzügen. In einigen Gegenden wie im schwedischen Västmanland, Noruppland und Gästrikland kennzeichnet die Verteilung der Runensteine die uralten Reiserouten. Meist ging man zu Fuß, längere Entfernungen legte man zu Pferde zurück.

Pferde nahmen einen besonderen Platz im Leben der Wikinger ein, sie dienten als Zug-, Reit- und Arbeitstiere – und als Wegbegleiter ins Jenseits. Im prachtvollen Bootkammergrab von Haithabu fand man drei reich ausgestattete Krieger mit drei Pferden – vermutlich die Reittiere der Bestatteten und kostbares Pferdegeschirr. Einem (wohlhabenden) Krieger folgte sein Pferd in den Tod. Ein ergreifendes Beispiel für die tiefe Bindung des Pferdes an seinen Herrn findet sich im Zweiten „Gudrun-Lied", das in der „Lieder-Edda" überliefert ist. Als Sigurd stirbt, kehrt sein Hengst Grani ohne ihn zurück, die Witwe erzählt:

„Da ging ich weinend,
mit Grani zu reden,

mit nassen Wangen
befragt' ich das Roß;
da senkte denn Grani
den Kopf ins Gras;
es wußte der Hengst,
sein Herr war tot. "

Die Siedler, die von Norwegen und den Britischen Inseln gen Westen über das offene Meer nach Island segelten, hatten ihre Pferde an Bord. Das erste namentlich erwähnte Pferd findet sich im „Landnahmebuch" aus dem 11. Jahrhundert. Dort wird erwähnt, dass die Stute Fluga („die Fliegende") kurz vor der Ankunft in Island von Bord springt und an Land schwimmt. Man musste lange nach ihr suchen, es wird noch angemerkt, dass sie ein gutes Pferd war und an Pferderennen teilnahm.

Die kleinen, robusten Islandpferde haben sich seit der Landnahmezeit nicht verändert. Schon kurz nach der Eröffnung des Allthings (930) wurde beschlossen, keine weiteren Pferde mehr einzuführen. Die Pferde gediehen zwar gut, aber man fürchtete, die auf dem Kontinent grassierenden Seuchen zu importieren. (Dieses Gesetz gilt übrigens immer noch: Nach Island dürfen bis heute keine Pferde verschifft werden, und Pferde, die die Insel einmal verlassen haben, dürfen nicht zurückkommen). Die Besonderheit der Wikingerpferde sind die „fünf Gänge", von denen der „Tölt" der bequemste ist. Bei dieser flotten Gangart berührt immer mindestens ein Bein den Boden, der Reiter sitzt auch in unwegsamem Gelände ruhig im Sattel und kann auf diese Weise mühelos lange Ritte überstehen.

Auf Island waren die Strecken zwischen den einzelnen Höfen lang. Verbindungswege – vielfach nur schmale Saumpfade – führten durch wildes, ödes Hochland mit Gletschern, reißenden Flüssen, Sandern und scharfkantigen Lavafeldern. Noch heute besteht ein großer Teil des Straßennetzes außerhalb der großen Ringstraße aus unbefestigten Schotterpisten, die nur mit allradangetriebenen Fahrzeugen befahren werden können. Zu jedem Hof gehörten gut eingerittene und gepflegte Reitpferde sowie Packpferde. Aus einigen Regionen Islands waren die Männer – zum Teil begleitet von Frauen, Söhnen und Töchtern – viele Tage zum jährlichen Allthing im Südwesten der Insel unterwegs. Mit dabei hatte man reichlich Gepäck: Verpflegung für 14 Tage, *„damals war es Sitte, dass man sich auf dem Allthing selbst verpflegte"*, Zeltplanen für die Thingbude, prachtvolle Kleidung zum Präsentieren.

Wer mit dem Schiff ankam, brauchte Lastpferde, um importierte Waren, beispielsweise Bauholz und Getreide, zum Gehöft zu bringen, die Heuernte wurde auf Pferden ins Tal transportiert. Die für die Ausfuhr bestimmten Waren – Ballen mit *vaðmal*, Felle, Butter oder Eiderdaunen – mussten zum Verschiffungsort am Fjord gebracht werden. Von dem westisländischen Bauern Atli wird in der „Grettís saga" erzählt, dass er von seinem Hof in Bjarg nach Snæfellsnes ritt, um auf der Halbinsel Fisch für den Winterbedarf zu holen, sie „*... kauften dort viel Stockfisch, den sie auf sieben Pferde luden, und als sie fertig waren, machten sie sich auf den Heimweg"*. Blund-Ketill lässt (in der „Saga vom Hühner-þórir") einem befreundeten Kaufmann, der soeben in Island angekommen ist, 120 Packpferde entgegentreiben, um diesen dann mitsamt der Waren auf seinem Hof aufzunehmen – eine stattliche Anzahl, wenn man der Angabe glauben kann, zumal Blund-Ketill kein Gode, sondern nur ein (normal) wohlhabender Bauer war.

Auch auf dem skandinavischen Festland waren die Pferde unersetzliche Weggefährten. Jahrtausende lang zogen die Menschen über die Berge und die Gletscher. Das schmelzende Eis des norwegischen Lendbreen-Gletschers hat in den letzten Jahren Pferdeknochen aus der Eisen- und Wikingerzeit (etwa 200 bis 1000) freigegeben. Seit 2006 (als der Sommer in Norwegen besonders heiß war und das Eis gehörig ins Schmelzen kam) wurden allein in Oppdal über 1 600 Funde gemacht, darunter eine 1 700 Jahre alte Wolltunika, ein Wikingerhandschuh, ein verzierter Wanderstock, mehrere Schuhe ebenso wie Teile von Pferdegeschirr und ein Pferdeapfel (datiert in die Zeit um 1000). Die vielen Pferdeknochen belegen, wie gefährlich der Weg über den Gletscher war, die Tiere brachen sich in dem unwegsamen Gelände ein Bein oder starben schlicht und einfach an Erschöpfung.

In geeignetem Gelände kamen hölzerne Wagen für den Transport von schweren Lasten zum Einsatz, sie wurden von Ochsen oder Pferden gezogen. Aus Wagenteilen, die in Haithabu gefunden wurden, konnten zweiachsige Vierradwagen rekonstruiert werden, mit denen sich Lasten von bis zu 1 000 Kilogramm transportieren ließen. Über die Schleswiger Landenge, die den gefahrvollen Umweg über den Skagerak ersparte, wurden die Handelsgüter mit Wagen oder auch von Trägern transportiert. Vierrädrige Wagen wie der aus dem Grabhügel in Oseberg waren nur auf wenigen größeren Handelswegen einsetzbar, beispielsweise auf dem sogenannten „Heerweg", der von Norden durch Jütland Richtung Süden bis an die Elbe führte. Auf dieser − auch Ochsenweg genannten − Route wurde Vieh zu den Märkten im Süden getrieben. (Der „Ochsenweg", der in Dänemark als „Heerweg" (Hærvejen) seine Fortsetzung findet, ist heute auf einer Strecke von knapp 500 Kilometer Länge als Radwanderweg ausgeschildert). Eine Handelsroute führte vom norwegischen Nidaros (dem heutigen Trondheim) zum schwedischen Mälarsee und weiter an die Ostseeküste. Ein anderer Fernweg verlief vom Oslofjord durch Täler und über das nur in wenigen Sommerwochen schneefreie Hochgebirge ins westnorwegische Fjordland. Um den Überlandverkehr zu erleichtern, wurden die überregionalen Straßen nach und nach ausgebaut, sie blieben aber während der Wikingerzeit und lang darüber hinaus zum größten Teil unbefestigt.

Im Frühjahr und Herbst versanken die Wege vielfach im Matsch, im Winter konnte starker Schneefall das Reisen über Land einschränken. Auf der anderen Seite erleichterten zugefrorene Wasserwege das Queren von Flüssen, Seen und Sumpfgebieten. Im Winter gebrauchte man Skier, Schlittschuhe und Schlitten, um vorwärtszukommen. Sogar im unwegsamen Island scheinen Schlitten in Gebrauch gewesen zu sein. In der „Saga von den Leuten aus dem Vatnsdal" macht sich ein Mann trotz des schlechten Wetters auf den Weg, er *„hatte einen Schlit-*

ten mit *Fellen überdacht*". Darstellungen von Skiern findet man schon auf bronzezeitlichen Felszeichnungen. Zur Herstellung verwendete man Kiefernholz, dessen natürliche Harzabsonderung die Unterseite der bis zu zwei Meter langen Bretter schmierte, sodass sie leichter über den Schnee glitten. Schlittschuhe wurden aus den Schenkelknochen von Pferden und Rindern gefertigt.

Der Winter bot Vorteile, aber vor allem im Gebirge auch viele Gefahren. Abgesehen von den lebensbedrohlich eisigen Temperaturen, konnten Lawinen Menschen und Wege verschütten. Nicht immer war das Eis so tragfähig, wie es aussah. So fand der norwegische König Halfdan der Schwarze den Tod, als er versuchte, mit seinem Gefolge im Frühjahr das Eis des Randsfjords zu überqueren. Mit einem Schlitten, der von zwei Ochsen gezogen wurde, und zwei Knechten war Droplaug unterwegs, in der Bucht *„brachen die Ochsen im Eis ein, und alle ertranken dort …"*, heißt es in der „Saga von den Söhnen der Droplaug".

Nach der Schneeschmelze war das Reisen besonders problematisch. Das Eis trug nicht mehr, Wege und Wiesen versumpften, Bäche wurden zu reißenden Flüssen. In ganz Skandinavien durchzogen zahlreiche Flüsse und Bäche die Landschaft.

Das Passieren schwieriger Wegstrecken, eines Moores oder eines Wasserlaufes konnte durch das Befestigen einzelner Abschnitte mit ausgebreiteten Reisigruten und Ästen, das Nebeneinanderlegen von Baumstämmen oder durch die Aufschüttung eines Dammes erleichtert werden. An den großen Flüssen gab es Fähren, im „Harbards-Lied" in der „Lieder-Edda" wird berichtet, wie Thor an einen Fluss kommt. In der Gestalt des Fährmanns (Harbard) versteckt sich Odin. Er verweigert Thor die Überfahrt und macht sich über ihn lustig. Thor ist genervt: *„Eine leidige Sache scheint mir das,/durchs Wasser hinüberzuwaten …"* Der Wortstreit endet damit, dass Thor den langen Weg zur Furt zurücklegen muss. *„Werde ich heute noch hingelangen?"* fragt Thor, worauf der Fährmann spottet: *„Hingelangen mit Ach und Weh bei aufgehender Sonne …"*

Viele Ortsnamen lassen sich auf Furten (skandinavisch: *vade* = waten) zurückführen: Immervad und Oksevad in Dänemark, Vadbekk, Telavad und Kaldavad in Norwegen, Vada, Vallby und Örvad in Schweden.

Bis zum Ende der Wikingerzeit blieben Furten und Dämme die gebräuchlichste Möglichkeit, einen Fluss zu überqueren, wenn es keinen Fährmann gab. Für die Überquerung eines größeren Gewässers waren wiederum Boote erforderlich, von denen viele später in Bootsgräbern Verwendung fanden und dort mehr oder minder gut die Zeiten überdauerten. Auch wenn das Holz schon lange vergangen ist, so lässt sich oftmals anhand der zurückgebliebenen eisernen Nieten auf die Maße der Fahrzeuge schließen. In einer Vielzahl der Fälle konnte ein direkter Zusammenhang zwischen der Größe der Boote und der Breite der Flüsse, in deren Nähe die Gräber lagen, aufgezeigt werden. Man kann davon ausgehen, dass für den Einsatz als Fähre auf kleineren Strömen spezielle Boote gebaut wurden.

Nur in seltenen Fällen ist der Bau einer frei stehenden Brücke nachgewiesen. Ein beeindruckendes Zeugnis wikingerzeitlichen Wegebaus war eine um 980 in Jütland/Dänemark errichtete Brücke, die über das breite Vejle-Flusstal bei Ravning Enge (südwestlich von Jelling) führte. Sie war 700 Meter lang und 5,5 Meter breit; allein das Fundament bestand aus 1 000 Eichenpfählen, es konnte ein Gewicht von fünf Tonnen tragen. Die Kosten an Material und Arbeitskraft, die für solche eine Konstruktion nötig waren, deuten an, dass sie für einen bestimmten Zweck gebaut wurde. Bauherr könnte der dänische König Harald Blauzahn gewesen sein, der die Verbindung zwischen dem Königssitz in Jelling und dem nach Süden führenden Heerweg erleichtern wollte. Neuere Untersuchungen haben ergeben, dass eine aus Holz erbaute Brücke etwa zwanzig Jahre lang hält. Die Vejle-Brücke weist keine Spuren von Reparaturen auf, Haralds Nachfolgern fehlten offenbar die Mittel, ein Bauwerk dieser Größe zu unterhalten.

Mit der Christianisierung nahm die Zahl der Wegebaumaßnahmen zu. Die Kirche war offenbar daran interessiert, Missionaren,

Priestern und Kirchgängern das Vorankommen in unwegsamem Gelände zu erleichtern. Der Bau von Wegen und Brücken wurde als gott-
gefälliges Unterfangen angesehen. Auf vielen Runensteinen kann
man von Dämmen und Brücken lesen, die von Christen für den See-
lenfrieden – den eigenen oder den des Verstorbenen – gebaut wurden. Ein Landbesitzer namens Jarlabanke, der um das Jahr 1000 einen 150 Meter langen Weg über ein Moor in Täby in Mittelschweden
anlegen ließ, stellte gleich mehrere Runensteine entlang des Weges
auf, deren fast gleichlautende Inschriften mit Stolz auf sein wohltäti-
ges Werk verweisen: *„Jarlabanke ließ diese Steine errichten (...) und
machte diese Brücke für seine Seele. Und allein besaß er ganz Täby. Gott
helfe seiner Seele. "*

Reisen über Land blieben noch viele Jahrhunderte ein strapaziöses
Unterfangen. Hier spielt es einmal keine Rolle, dass die Sagaschreiber
ein paar hundert Jahre nach der eigentlichen Wikingerzeit gelebt und
geschrieben haben und möglicherweise die Verhältnisse der eigenen
Gegenwart in ihre Schilderungen einfließen ließen.

Alle Wikinger waren groß und blond, sie blieben unter sich – keiner wollte etwas mit ihnen zu tun haben

Man könnte erwarten, dass ein zeitgenössischer Chronist, der über eine kriegerische Auseinandersetzung mit einfallenden Wikingern berichtet, kein gutes Haar an den Unholden aus dem Norden lassen würde. Und doch schwingt etwa in den „Fuldaer Annalen" deutlich Bewunderung für das stattliche Erscheinungsbild der Nordmänner mit. Über eine kriegerische Auseinandersetzung im Jahr 884 heißt es: *„In dieser Schlacht sollen von den Normannen Männer gefallen sein, wie man sie nie zuvor im Volke der Franken gesehen hatte, an Schönheit nämlich und Körpergröße."*

Auch der arabische Diplomat Ibn Fadlan, ein Gesandter des Kalifen von Bagdad, der an der Wolga auf skandinavische Händler trifft, ist beeindruckt von ihrem Auftreten. 921/22 schreibt er: *„Ich habe (niemals) Leute mit einem vollkommeneren Körperbau gesehen als sie. Sie sind (groß) wie Dattelbäume, blond und rot ..."*

Obwohl die Skandinavier der Wikingerzeit im Vergleich zu heute nur mittelgroß waren – die Durchschnittsgröße der alten Dänen betrug nach Skelettmessungen 172,6 Zentimeter, die der Norweger

176,6 — überragten sie doch viele ihrer europäischen Zeitgenossen um eine Handbreit. In den meisten Chroniken wird allerdings mit keinem Wort auf das Äußere der Nordmänner eingegangen, so gravierend können die Unterschiede demnach nicht gewesen sein. In einem Bericht heißt es sogar, dass man in der Hitze des Gefechtes die gefangenen Christen von den Nordmännern nicht unterscheiden konnte. Dass es keine Schwächlinge waren, die als Krieger oder auch als Händler unterwegs waren, und das Schwert ständig griffbereit haben mussten, versteht sich von selbst.

Auch in den Sagas werden viele Männer, vor allem die Anführer und Helden, als „groß und kräftig" oder „stark und tüchtig" beschrieben. Groß und stark waren die Söhne des Kveld-Úlfs in der „Saga von Egill Skalla-Grímsson": Þórólf der Ältere war sehr gut aussehend, groß und tüchtig, der jüngere Grím aber *war ein schwarzhaariger Mann und hässlich"*. Die Konstellation wiederholt sich in der folgenden Generation: Skalla-Grím, wie der schon früh kahl gewordene Grím genannt wird (skalli = Glatze, Kahlkopf), hatte wiederum zwei Söhne: Der ältere Þórólf war *„sehr groß von Wuchs und schön von Aussehen"*, der jüngere Egill aber war *„schwarzhaarig wie sein Vater"*. Sie waren Isländer der zweiten und dritten Generation.

Die Besiedlung Islands war auch in der ersten Generation kein „germanisches" Unternehmen. Die ersten Siedler, die um 870 von der norwegischen Küste oder von den skandinavischen Siedlungen auf den Britischen Inseln nach Island aufbrachen, trafen der Überlieferung zufolge auf die Spuren irischer Mönche — ansonsten war die Insel menschenleer. An Bord der Neuankömmlinge befanden sich irische oder gälische Kelten und Menschen aus fernen Ländern, von denen viele gegen ihren Willen gefangen und versklavt worden waren. Ein typischer Vermerk in der „Saga von Egill Skalla-Grímsson" lautet: *„Ketill war von Westen her aus Irland übers Meer [nach Island] gekommen, er hatte viele irische Sklaven bei sich."* Auf Island wurden (geschätzt) etwa 10 000 Sklaven zur Urbarmachung des Landes eingespannt.

Der altisländische Text „Landnámabók" (aus dem 12. Jahrhundert) enthält einige Hinweise darauf, dass die ersten Frauen Islands nicht gemeinsam mit den Männern von Skandinavien aufbrachen, sondern erst auf dem Weg dorthin geraubt wurden. Was etwas sagenhaft anmutet, entspricht erwiesenermaßen der Wahrheit: Da die Isländer auf ihrer Insel mitten im Nordatlantik seit dem Ende der Wikingerzeit viele Jahrhunderte vergleichsweise isoliert lebten, bieten sie sich für genetische Untersuchungen besonders gut an. In verschiedenen Forschungsprojekten wiesen Genetiker nach, dass 60 Prozent der weiblichen Vorfahren der Isländer nicht Skandinavierinnen, sondern Keltinnen waren. Dagegen waren 80 Prozent der männlichen Isländer nordeuropäischen Ursprungs. Damit bestätigen die DNA-Analysen das Bild, das die „Isländersagas" von der Zusammensetzung der isländischen Bevölkerung zeichnen. (Umgekehrt lebten übrigens auch Wikingerfrauen auf den Britischen Inseln. Der Anteil weiblicher Vorfahren aus Skandinavien beträgt auf den Orkneyinseln 35 Prozent und auf den Äußeren Hebriden sowie der Insel Skye noch zwölf Prozent).

Den Sagatexten zufolge waren auch die Mannschaften auf den Wikingerschiffen häufig ethnisch bunt gemischt. Mit an Bord befanden sich Ostseeslawen, Balten, Männer aus (Alt-) Sachsen und dem Rheinland genauso wie Menschen ferner Nationen. Wie international die Bevölkerung der Handelsplätze und auch die Kriegstruppen waren, belegen Knochenfunde aus wikingerzeitlichen Gräberfeldern. Durch die Untersuchung des Gehalts verschiedener Strontium-Isotope in den Knochen können diese einem bestimmten Landstrich zugeordnet werden. So fanden dänische Archäologen heraus, dass 32 von 48 untersuchten Skeletten eines Gräberfelds im Umfeld der Militärfestung Trelleborg nicht aus Dänemark stammten. War man bisher davon ausgegangen, dass Dänenkönig Harald Blauzahn sein Heer aus Landsmännern zusammengestellt hatte, ist jetzt klar, dass die in der Burg stationierten Soldaten Ausländer waren, möglicherweise aus Norwegen oder aus der südlichen Ostseeregion im heutigen Polen. Dafür sprechen auch andere Funde wie Keramik und Waffen aus der nähe-

ren Umgebung. Eine der zwei im (königlichen) Grabhügel von Oseberg bestatteten Frauen hatte Vorfahren, die vom Schwarzen Meer
stammten.

Sklaven werden in den Sagas häufig als mickrig und dünn beschrieben. Drastisch ist die Schilderung der unterschiedlichen Stände
in der RígsÞula (altnord. „das Lied von Rig"). In dem isländischen
Götterlied, das den Ursprung der Stände erklärt, hat der Knecht (Þræl)
knotige Gelenke und einen krummen Rücken, seine Frau sonnenver-
brannte Arme und krumme Beine. „Das Lied von Ríg" spiegelt die gesellschaftlichen Verhältnisse des 13. Jahrhunderts wider, die denen
der Wikingerzeit nicht unbedingt entsprechen müssen. Archäologische Untersuchungen weisen aber in eine ähnliche Richtung, denn
viele Skelette zeugen von harter körperlicher Arbeit und (Mangel-)
Krankheiten. In Kristianstad im südschwedischen Schonen wurde ein
Gräberfeld mit 128 Bestatteten untersucht. Die meisten Erwachsenen
hatten schlechte Zähne, sie litten unter Eisenmangel, wiesen Gelenk-
und Skelettkrankheiten auf. Vor allem bei Frauen sind deutliche Spuren von Arthrose zu finden. Lepra scheint zudem eine weitverbreitete
Krankheit gewesen zu sein. Das Bild der starken, vor Gesundheit strot-
zenden Wikinger findet im häuslichen Umfeld keine archäologische
Entsprechung.

Die durchschnittliche Größe schwankte von Gegend zu Gegend.
Immer gab es natürlich Menschen, die größer als der Durchschnitt
waren, bis zu 1,85 Meter (so groß war auch Karl der Große). Den
Grabbeigaben nach zu schließen, stammten sie fast immer aus den
höheren Gesellschaftsschichten. Die Ernährung und die Lebensbedingungen beeinflussten die Konstitution. Menschen aus gehobenen
Schichten, die sich über mehrere Generationen gut (und abwechs-
lungsreich) ernährten und körperlich wenig arbeiten mussten, waren
größer als die Bevölkerungsschichten, die von Kindesbeinen an
Schwerstarbeit leisten und sich mit karger, fleischloser Kost begnügen
mussten.

Betrachtet man die Nahrungsmittel, die der im Grabhügel von
Oseberg bestatteten Dame auf ihre Reise ins Jenseits mitgegeben

wurden, erhält man den Eindruck einer aus heutiger Sicht gesunden, abwechslungsreichen Vollwertkost: Außer zwei Ochsen fand man wilde Äpfel, verschiedene Kräuter, Haselnüsse und Getreidekörner.

Getreide – Gerste, Weizen, Roggen und Hafer – wurde dort angebaut, wo die klimatischen Bedingungen es zuließen. Die Körner wurden zwischen zwei handgetriebenen Mühlsteinen gemahlen, kleinere Mengen auch mit dem Stößel geschrotet. Aus Getreide bestand die Hauptspeise der Wikinger, eine mit (Salz-) Wasser zu einer Art Porridge verkochte Grütze (*grautr*). Der geschmacksneutrale Brei wurde bei festlichen Gelegenheiten und in wohlhabenden Haushalten mit Butter, Sahne oder Dickmilch angereichert, es gab sogar Ansätze, den Getreidebrei mit Nüssen, Kräutern und Trockenfrüchten zu einer Art „Müsli" aufzuwerten. Zu jeder Mahlzeit wurde eine Art Fladenbrot gereicht, das dem noch heute in Skandinavien sehr verbreiteten „Fladbröd" entspricht. Dieser Vorläufer des Knäckebrots war haltbar und eignete sich deshalb hervorragend als Vorrat für den Winter wie als Schiffsproviant. Mitunter wurden dem Brot gemahlene Kiefernborke und verschiedene (Un-) Kräuter beigemischt, die dem Körper lebensnotwendige Vitamine zuführten. Skorbut war im Norden kein Thema. Probleme hatten die Nordmänner dagegen mit ihren Zähnen. Das Gebiss vieler untersuchter Wikingerschädel befand sich in ruinösem Zustand – und das, obwohl Honig ein seltenes Gut und raffinierter Zucker noch unbekannt waren. Schuld waren die beim Mahlen des Getreides in den steinernen Handmühlen abgeriebenen Gesteinspartikel, die mit dem Getreide in den Brei und das Brot gelangten und beim Kauen regelrecht den Zahnschmelz wegschmirgelten, sodass der Karies reiche Beute fand.

Da man dem Fleisch seit alters her Kraft und Mut fördernde Eigenschaften zuschrieb, verschafften sich die Wikinger auf ihren Fahrten Vieh, wo sich die Gelegenheit bot. Das Vieh auf dem heimatlichen Hof wurde vor allem wegen seiner Arbeitskraft, seiner Wolle oder seiner Milch gehalten. Nur die Schweine waren von vornherein allein zum

Verzehr bestimmt. Von den isländischen Höfen verschwanden sie bald ebenso wie die Ziegen. Beide Tierarten trugen durch ihr Weideverhalten zur Bodenerosion bei, die auf Island zum Problem wurde. Die Vorstellung vom fleischessenden Wikinger ist falsch. Reichlich Fleisch gab es allenfalls im Herbst, wenn ein Teil des Viehs geschlachtet wurde, um es nicht durch den Winter bringen zu müssen. An der Küste war Fisch eine wichtige Nahrungsquelle. Bodenfunde von Fischgräten und von Netzen, Reusen und Angeln weisen darauf hin, dass die fischreichen Gewässer Nordeuropas intensiv befischt wurden. *„Die Hauptnahrung ihrer Bewohner besteht aus Fischen, denn die sind dort zahlreich"*, berichtet At-Tartûschi in der zweiten Hälfte des 10. Jahrhunderts über das dänische Haithabu.

Auch das Klima beeinflusste die körperliche Konstitution. Ein bestimmtes Nahrungsangebot, das in einem warmen Klima angemessen ist, ist in einem kalten Klima – insbesondere wenn noch schwere Arbeit hinzukommt – eine Mangelkost. Zwischen Grönland im Westen und Nowgorod im Osten lagen Welten, was das Klima und das Nahrungsangebot anging. Die körperliche Konstitution hing immer auch von den Lebensbedingungen ab. Paläopathologische Untersuchungen bescheinigen den Isländern der Landnahmezeit einen im europäischen Vergleich bemerkenswert guten Gesundheitszustand. Mit dem schlechter werdenden Klima allerdings nahmen die Mangelkrankheiten zu. Auch die ersten Siedler, die mit Eirík dem Roten im 10. Jahrhundert nach Grönland kamen, waren gesünder und größer als spätere Generationen. Die auf einem Friedhof in Herjulfsnes auf Grönland untersuchten männlichen Skelette (aus dem späten 14. und frühen 15. Jahrhundert) waren nur noch selten größer als 1,60, die Frauen durchschnittlich nur 1,40 bis 1,50 Meter. Die meisten Skelette wiesen Defekte wie Wirbelsäulenverkrümmung oder rachitische Symptome auf. Die Folgen der „Kleinen Eiszeit" und die damit, härter werdenden Lebensbedingungen für die Menschen sind hier direkt messbar.

Während der rund fünfhundert Jahre, in denen die Wikinger in Grönland siedelten, blieben sie unter sich. Es gibt keinen Hinweis darauf, dass sie mit den Skrælingern (den grönländischen Inuit) friedliche Kontakte unterhielten, die über gelegentlichen Handel hinausgingen. Anders sah es auf den Britischen Inseln und im Norden des Frankenreichs aus. Die kriegerischen Wikinger, die sich zum Bleiben entschlossen, ließen sich taufen, heirateten einheimische Frauen und integrierten sich bemerkenswert schnell und reibungslos in die Bevölkerung. Auf der Insel Man (zwischen Irland, England und Wales) lässt sich das Zusammenleben von Kelten, Pikten und Skandinaviern anhand von Grabmonumenten nachvollziehen: Die für die Region typischen Steinkreuze tragen norwegische Runeninschriften und nordische Ornamentik. Ein Mann mit dem keltischen Namen Mael bestellte ein Kreuz von einem Wikinger namens Gaut. Der Nordmann þorleiv errichtete eines für Fiacc (keltisch). Driuian (piktisch), Sohn von Dugald (keltisch), war verheiratet mit Athmhaiol (einer keltischen Frau) und bekam sein Denkmal in nordischer Runeninschrift. Gegen Ende des 10. Jahrhunderts übernahmen in Irland ansässige Skandinavier irische Namen, umgekehrt sind auch in der irischen Oberschicht zunehmend Namen mit nordischem Ursprung zu finden (Rognwaldr wird zu Ragnall, Sigtryggr zu Sitri(u) c). Die von Skandinaviern besiedelten Landschaften, Höfe, Dörfer und Städte in den heute englisch- und französischsprachigen Ländern wie England, Irland und der Normandie tragen Namen nordischen Ursprungs. Orts- und Flurnamen, die beispielsweise auf -by, -toft oder -torp enden, sind ein Hinweis darauf, dass diese Plätze von Skandinaviern besiedelt waren. Manche Namen weisen auf die Richtung hin, aus der die Neusiedler zuwanderten, ein Teilgebiet des nördlichen Schottland trägt bis heute den Namen Sutherland – „Südland".

Zu Beginn des 10. Jahrhunderts ließen sich Wikinger im Norden des Frankenreiches nieder. Nachdem der „Räuberhauptmann" Rollo, (geb. 846, der Überlieferung zufolge von vornehmer norwegischer Abstammung) im Jahre 911 ein Stück Küste (mit der Stadt Rouen) vom fränkischen König Karl dem Einfältigen erhalten hatte, wurden er und seine Männer Christen, und verteidigten das Land fortan gegen die Wikinger. Nach und nach bekamen sie Land dazu, Rollo wurde der erste Herzog der Normandie, er heiratete Poppa, die Tochter des fränkischen Grafen von Bayeux, und auch sein Sohn Wilhelm Langschwert heiratete später die Tochter eines fränkischen Grafen. Die skandinavische Sprache geriet in Vergessenheit. Wohlbekannt ist die Geschichte von Rollos Sohn Wilhelm Langschwert, der seinen Sohn nach Bayeux schicken musste, weil es in Rouen niemanden mehr gab, der diesem die skandinavische Sprache der eigenen Vorfahren beibringen konnte.

Die Normannen breiteten sich im frühen 11. Jahrhundert weiter aus: Ritter aus der Normandie brachen auf, um in den Dienst süditalienischer Fürsten zu treten. Robert Guiscard (geb. 1059), der sechste von insgesamt zwölf Söhnen des normannischen Adligen Tankred von Hauteville, eroberte ganz Unteritalien und erhielt schließlich Apulien und Kalabrien vom Papst zu Lehen. Roger II. (geb. 1095, ebenfalls ein Hauteville) wurde 1130 vom Papst als König von Sizilien, Kalabrien und Apulien anerkannt. Rogers Tochter Konstanze, die Erbin des sizilianischen Normannenreiches, wurde 1189 mit Kaiser Heinrich VI. verheiratet, wodurch Sizilien an die Staufer fiel. Auf Sizilien organisierten die Normannen nach byzantinischem Vorbild den modernsten Staat Westeuropas. Ein Normanne war übrigens auch Wilhelm der Eroberer (geb. 1027/28) – der Nachfahre Rollos brach 1066 von der Normandie auf und eroberte England. Mit der Eroberung Englands durch den Normannenherzog Wilhelm ging die Wikingerzeit (offiziell) zu Ende. Die Wikinger waren Staatsmänner geworden, verschwägert mit den mächtigsten und einflussreichsten Familien – im Süden Italiens ebenso wie in der Normandie und in England.

Großen politischen Einfluss gewannen auch die schwedischen Wikinger, die in altslawischen, griechischen (byzantinischen) und arabischen Schriften Rus' oder auch Waräger genannt werden, und sich nach Osten wandten. Von Birka oder Gotland segelten sie quer durch die Ostsee zum Finnischen Meerbusen. Auf der Newa ging es zum Ladogasee und weiter über die großen russischen Flüsse Wolchow und Lowat, über Dnjepr oder die Wolga ans Schwarze und ans Kaspische Meer. Entlang der Wasserwege entstanden ab dem 8. Jahrhundert mehrere bedeutende Handelszentren. Das unmittelbar südlich des Ladogasees gelegene Staraja (Alt-) Ladoga und Nowgorod (*Hólmgarðr*), das sich zum Zentrum eines großen, staatsähnlichen Territoriums entwickelte. Archäologische Untersuchungen belegen eine multi-ethnische Bevölkerung: Ab Mitte des 8. Jahrhunderts lebten hier Skandinavier, Slawen und Finnen in friedlicher Koexistenz. Durch Einheirat in den ortsansässigen Adel bildeten sie eine dünne Oberschicht, die das politische und wirtschaftliche Leben mitbestimmte. Ab etwa Mitte des 10. Jahrhunderts ging die alte nordische Bezeichnung Rus' auf den entstehenden, zunehmend slawisch geprägten Staat über. Die Fürsten von Kiew, die zunächst noch nordische, ab der dritten Generation dann slawische Namen trugen, heuerten für ihre Kriegszüge gerne aus Skandinavien stammende Krieger an, die ihnen als Söldner dienten. Viele von ihnen zogen weiter nach Byzanz, wo sie wegen ihrer hünenhaften Gestalt und Kampfkraft in die Leibgarde der oströmischen Kaiser aufgenommen wurden. Die sogenannte „Warägergarde" war eine Elitetruppe, die zum Ruhm der Wikinger als große, bärenstarke Kämpfer beitrug.

Immer mehr skandinavische Händler ließen sich an den Handelsplätzen vor Ort nieder. Die archäologischen Funde aus über 50 wikingischen Handelskontoren in Zentralrussland sprechen für eine friedliche Beziehung, für wechselseitige, kulturelle Einflüsse und das Zusammenwachsen der skandinavischen mit der slawischen Bevölkerung. Auch auf höchster Ebene blieb man nicht unter sich: Einem Runenstein in Sønder Vissing in Ost-Jütland zufolge war Tove, die Frau König Haralds, eine Tochter des slawischen Obodritenfürsten Mistiwoi. Die erste Frau von Sven Gabelbart war die Tochter von Mieszkos I., einem Fürsten aus der Herrscherfamilie der Piasten. Der (skandinavischstämmige) Großfürst von Kiew, Jaroslaw der Weise (gest. 1054) heiratete Ingigerd, die Tochter des Schwedenkönigs Olof Skötkonung. Sie hatten zusammen drei Söhne und zwei Töchter, von denen eine (Elisabeth von Kiew) Harald III., König von Norwegen heiratete. Die Wikinger waren nicht bestrebt, unter sich zu bleiben. Sie nutzten die Chancen, die sich ihnen boten, zeigten sich weltoffen und bemerkenswert anpassungsfähig.

Met war das Lebenselixier der Wikinger

Der gewaltige Durst der Germanen erstaunte den römischen Geschichtsschreiber Tacitus, der die nordischen Länder im ersten Jahrhundert nach Christus bereiste. In seiner um 98 erschienenen „Germania" berichtet er über die Sitten und Gebräuche der Germanen, die beständig große Trinkhörner in den Fäusten hielten, auf Bärenfellen lagen und einen weinähnlichen Saft aus Gerste oder Weizen tranken. Sie könnten, so schrieb er, wohl Hunger und Kälte ertragen, nicht aber den Durst. Gäbe man ihrer Trunksucht nach und verschaffte ihnen, so viel sie wollten, so wären sie durch dieses Laster viel einfacher zu besiegen als durch Waffen. Obwohl die kriegerischen Wikinger erst siebenhundert Jahre später ins Rampenlicht der Geschichte traten, ist es verlockend, das von Tacitus gezeichnete Bild der trinkfreudigen Germanen auf sie zu übertragen. Aber wie viel, wann und was tranken sie eigentlich, die Männer aus dem Norden?

Das gängigste, alkoholische Getränk war nicht Met, sondern Bier. Gebraut wurde es aus Gerste, hin und wieder auch aus Hafer – beides kostbare Güter im Norden. Die Sommer waren kurz und je weiter man sich dem Polarkreis näherte, desto größer war die Gefahr, dass das Korn nicht vor dem ersten Frost reif wurde. Getreide brauchte man auch für die Zubereitung von Brei und Brot, den „basics" der wikingerzeitlichen Ernährung. In Regionen, wo das Getreide knapp war, stand das Bierbrauen somit in gewisser Weise in Konkurrenz zum täglichen Brot oder Brei. Der dänische Historiker Saxo Grammaticus berichtet (in seiner ab 1185 verfassten Geschichte der Dänen) von einer Hungersnot, die ausgebrochen sei, weil alles Korn zum Bierbrauen benutzt worden war.

Ein gewöhnlicher Alltagstrunk wird Bier nirgendwo – nicht einmal am Königshofe – gewesen sein. Man trank Milch, Molke oder Skyr, eine Art Dickmilch. In der „Heimskringla" wird erzählt, dass Ólaf der Heilige mit seinem Gefolge einige Zeit zu Gast bei seinem Stiefvater weilte: *„König Sigurd bewirtete sie bei Tisch immer abwechselnd einmal mit Fisch und Milch, ein andermal mit Fleisch und Hausbier."*

Im Altnordischen gab es unterschiedliche Begriffe für das Bier: *bjórr* (dasselbe Wort wie das deutsche „Bier") wurde häufig für importiertes, ausländisches und wohl auch stärkeres Bier verwendet, *mungát* war ein schwächeres, für den heimischen Gebrauch bestimmtes Bier. Die am häufigsten überlieferte Bezeichnung *ǫl* (öl – mit kurzem Vokal, so heißt Bier noch heute in allen skandinavischen Sprachen) ist neutral und lässt keine Aufschlüsse über Herkunft oder Beschaffenheit des Biers zu. Für den (all-) täglichen Bedarf wurde Dünnbier gebraut, das bereits zum Frühstück getrunken werden konnte – mit Sicherheit nicht auf allen Höfen. Da sich dünnes Bier in Fässern besser hielt als Frischwasser, wurde es auch als Schiffsproviant mit an Bord genommen. Zu festlichen Gelegenheiten und zu besonderen Zusammenkünften wurde Starkbier gebraut.

Der nordischen Mythologie zufolge stand der größte Bierkessel in Walhall, dem Paradies der auf dem Schlachtfeld gefallenen Krieger. Dort soll sich Odin gelegentlich auf einen Brau-Wettstreit mit der Göttin Frigga eingelassen haben. Als ein besonders bierfreudiger Gott gilt Thor. In einem der Götterlieder wird berichtet, wie er und Tyr zum Riesen Hymir ins Eismeer reisten, um dort einen gewaltigen Braukessel zu rauben, weil den Göttern der eigene abhandengekommen war. Die beiden gingen zielstrebig ans Werk, töteten alle Riesen, nahmen den Kessel mit und befestigten ihn am Himmelsgewölbe. Fortan wurde dort das Götterbier gebraut, damit die gefallenen Helden bei den großen Gelagen in Walhall ihren Durst daraus löschen konnten. Ohne Bier (und auch Met) war das Paradies der Krieger nicht vorstellbar. Dafür nahm man gerne in Kauf, dass der Himmel an den Brautagen voller Wolken hing, und es gehörig donnerte, wenn Thor den Braukessel putzte.

Bier wurde nicht nur von den Göttern gebraut und in großen Mengen getrunken, es wurde ihnen auch als Opfer dargebracht. In der „Heimskringla" beschreibt Snorri Sturluson das rituelle Trinken im Rahmen eines großen Opferfestes: Zuerst wurde ein voller Becher (*full*) ums Feuer getragen und dann sollte der, der das Fest ausrichtete, den Becher und das gesamte Opferessen weihen. Es folgte der „Odinsbecher" (*Óðins full*), den man auf den Sieg und die Macht des Königs trank, dann der „Njördbecher" (*Njarðar full*) und der „Freysbecher" (*Freys full*) für gute Ernte und Frieden. Wenn ein Erbmahl nach dem Tod von Königen oder Jarlen ausgerichtet wurde, gab es den „Gelöbnisbecher" (*bragafull*). Derjenige, der zum Erben erklärt werden sollte, musste ein Gelübde ablegen und anschließend den Becher austrinken, um damit das Erbe des Toten anzutreten.

Schwüre beim Trinkgelage werden in zahlreichen Quellen erwähnt. Eine witzige Darstellung eines Erbmahls, bei dem sich die Anwesenden mit ihren Gelübden gegenseitig zu übertreffen versuchen, enthält etwa die „Saga der Jomswikinger": König Svend *„hatte ein herrliches Gelage hergerichtet. Es waren auch eine Menge Gäste da"*, heißt es über das Erbmahl, das der König für seinen Vater ausrichten ließ. Den Jomswikingern ließ er das stärkste Getränk vorsetzen. Als König Svend merkte, dass sie betrunken und redselig wurden, forderte er seine Gäste auf, Gelübde abzulegen *„sich selbst zum Ruhme"*. Diese ließen sich nicht zweimal bitten und schworen munter drauflos. Einer von ihnen war Sigvaldi, dessen Frau am nächsten Morgen vorsichtig nachfragte, ob er sich an seine Gelübde erinnere. *„Im Rausch ist man ein andrer Mann"*, kommentierte er trocken, als auch der König wissen wollte, ob er sich an den vorangegangenen Abend erinnere.

Bier war ein fester Bestandteil aller Feste, dazu gehörten Bestattungen ebenso wie Hochzeitsfeiern. *„Es war ein schönes Fest und wurde viel getrunken"*, lautet ein typischer Vermerk in den Sagas. Schauplatz der (festlichen) Zusammenkünfte war in der Regel das Langhaus. Die langgestreckte Halle diente mit der einzigen Feuerstelle als Küche, Aufenthalts- und Schlafraum. Je wohlhabender ein Bauer oder Großbauer war, desto größer fiel der Bau aus. Häuptlinge und Könige bauten stattliche Hallen, in denen sie mit ihren Gefolgsleuten feierten. 40 bis über 80 Meter messen die archäologisch nachgewiesenen Langhäuser in den bedeutenden Herrschaftszentren wie Lejre auf Seeland, Alt-Uppsala in Schweden und Borg auf den Lofoten.

Ehrenvoll war es, sich vor dem Trinken zu erheben, auf den auf der gegenüberliegenden Langbank sitzenden Trinkpartner bis zum Feuer in der Mitte des Raumes zuzugehen und ihm von dort aus zuzutrinken. Nach dem „Erinnerungstrunk" zum Gedenken an verstorbene Vorfahren wurden die Trinkhörner nach und nach auf das Wohl aller anderen Teilnehmer geleert.

Bei „unehrlichem" Trinken konnte es leicht zu Streitigkeiten kommen, die nicht selten in Wortgefechten und Prügeleien endeten. Ausführliche Beschreibungen wikingerzeitlicher Gelage liefert die „Egils saga".

Egill Skalla-Grímsson – um 910 geboren und um das Jahr 990 gestorben – war eine der bekanntesten Gestalten der isländischen Wikingerzeit. Bereits im zarten Alter von drei Jahren scheint er dem Alkohol zugesprochen zu haben. Indirekt kommt das zum Ausdruck, als sein Vater ihn nicht auf ein Fest mitnehmen will: *„Du wirst nicht mitkommen"*, erklärt ihm sein Vater, *„denn du verstehst es nicht, unter vielen Leuten zu sein, wenn dort fest getrunken wird; es scheint, mit dir ist schwer auszukommen, auch wenn du nichts getrunken hast."* Zu den zahlreichen Geschichten, die aus Egils Leben überliefert sind, gehören auch mehrere Feste, die in einem regelrechten Komasaufen endeten. Die Trinkgelage begannen immer harmlos: Man hatte gegessen, auch schon einiges getrunken, bis man einander zu fortgeschrittener Stunde zum Wetttrinken herausforderte. Sieger war, wer später als sein

Gegner unter den Tisch sank. Von einem Festmahl für König Eirík, an dem auch Egill und ein Mann namens Ölvir teilnahmen, berichtet die „Egils saga": *„Dann trug man ihnen Bier zu trinken auf; oftmals wurde zur Erinnerung an Verstorbene getrunken, und bei jedem Erinnerungstrunk sollte das Horn geleert werden. Als der Abend so dahinging, kam es dazu, dass viele aus Ölvirs Begleitung unsicher auf den Beinen wurden; einige spien drinnen in der Halle, einige aber kamen noch hinaus vor die Tür."*

Ein Vollrausch tat der Ehre keinen Abbruch, auch wenn man die Kontrolle über sich und sein Tun verlor. Im Gegenteil vermitteln die literarischen Quellen den Eindruck, dass Trinkfestigkeit das soziale Ansehen erhöhte. Nur wer viel trinken konnte, war ein richtiger Mann, ein echter Wikinger. Die Ablehnung einer Trinkaufforderung während eines Gelages stellte einen Affront dar und bedeutet in den Sagas häufig den Auftakt für eine bevorstehende Auseinandersetzung, die sehr leicht eine Fehde mit tödlichem Ausgang provozieren konnte. Aber auch der gemeinschaftliche Alkoholgenuss führte nicht selten zu Streit und Zank, in den Verhaltensregeln (*Hávamál*) der „Lieder-Edda" heißt es:

„Manche Leute mögen sich gut
und streiten doch beim Gelage;
der Menschen Zwist
stirbt niemals aus;
es hadert der Gast mit dem Gaste."

Auch nach der Einführung des Christentums blieben Trinkgelage ein bedeutender Bestandteil gesellschaftlicher Ereignisse und religiöser Feste. Um den Übergang zum Christentum zu erleichtern, übernahm die Kirche heidnische Traditionen, aus Opfergelagen wurden Feiertagsgelage. In dem im 12. Jahrhundert verfassten „Abriss der Geschichte der Könige Norwegens" (*Ágrip af Nóregs konunga sögum*) wird die Christianisierung des Landes durch Ólaf Tryggvason, beschrieben: *„Er war 27 Jahre alt, als er nach Norwegen kam, und in den fünf Jahren, in denen er den Königstitel trug, christianisierte er fünf Län-*

der: Norwegen, Island, die Shetlandinseln, die Orkneyinseln und als fünftes die Färöerinseln. Er errichtete eine Kirche auf seinem Haupthof, schaffte alle Opfer und Opfergelage ab und ließ sie mit Zustimmung der Leute ersetzen durch Feiertagsgelage an Jul und Ostern, das Bier (mungát) zur Johannesmesse und das Herbstbier (haustöl) zur Michaelsmesse."

Geschmacklich lässt sich weder das alltägliche Dünn- noch das festtägliche Starkbier mit dem Bier unserer Tage vergleichen. Während in Deutschland das Bier gemäß dem Reinheitsgebot nur Hopfen, Malz, Hefe und Wasser enthalten darf, war man in der Wikingerzeit deutlich flexibler, was die Wahl der Zutaten anging. Ob die Wikinger Hopfen überhaupt kannten, ist nicht sicher. Man nimmt an, dass er erst im 14. Jahrhundert nach Skandinavien gelangte. Stattdessen würzte man mit Gagel, Eschenlaub und Eichenrinde, auch Beeren und Pilze sollen in das Bier gemischt worden sein. Eine weitere als Zutat im Wikingerbier genannte Würzpflanze war Sumpfporst, das lange im Verdacht stand, Auslöser für die Raserei der Berserker gewesen zu sein. Bei Ausgrabungen in Dänemark hat man Reste eines mit Honig gesüßten Bieres nachweisen können.

Honig war ein seltenes und darum kostbares Gut, er bildete die Grundlage für die Herstellung von Met (altnordisch *mjǫðr*), dem Getränk, das man am ehesten mit den Wikingern in Zusammenhang bringt. Seit ältester Zeit – in Ägypten und Vorderasien bereits um 3500 v. Chr. – stellten die Menschen, die über ausreichend Honig verfügten, Met her. Der aus vergorenem Honig produzierte Wein nimmt in der nordischen Mythologie eine herausragende Position ein, so etwa im Mythos vom Dichtermet, dessen Entstehung in leicht unterschiedlichen Versionen überliefert ist. Snorri erzählt, dass nach dem Krieg der beiden Göttergeschlechter alle Asen und Wanen zur Friedensbesiegelung in ein Fass spuckten. Aus dem Speichel entstand der weise Kvasir. Nach dessen Ermordung wurde sein Blut in Kesseln aufgefangen. Daraus wurde unter Beimischung von Honig ein Met gebraut, durch dessen Genuss man zum Dichter wurde. Der wissbegierige Odin aber raubte diesen Met unter abenteuerlichen Umständen.

Viele poetische Umschreibungen in den überlieferten Skaldenversen beziehen sich auf diesen Mythos. So wird Met auch als Kvasirs Blut und Odins Diebstahl bezeichnet.

Met war niemals ein Alltagsgetränk, dazu war die Herstellung zu aufwendig. Der im 1. Jahrhundert in Griechenland lebende Arzt Pedanios Dioscurides beschreibt Honigmet als ein Gemisch aus einem Teil Honig und zwei Teilen Wasser, das in die Sonne gestellt wird, die Temperatur darf nicht unter 15 Grad Celsius fallen. Doch auch von den in wärmeren Gefilden lebenden Römern konnte sich nicht jeder Met leisten: Der römische Gelehrte Varro lässt (im 1. Jahrhundert v. Chr.) in seinem Werk „Über die Landwirtschaft" (*De re rustica*) den gerade zum Konsul ernannten Appius Claudius erklären, dass dieser in seiner Jugend aus Sparsamkeit keinen Met trank und erst, nachdem er eine Erbschaft gemacht, in seinem Hause Met zuzubereiten begann. Die Römer versüßten mit Met auch sauren Wein.

Wein – sauren wie lieblichen – konnten sich nur die wenigsten leisten. Da Weintrauben von brauchbarer Qualität im Norden nicht gediehen, war und blieb Wein immer eine kostspielige Importware. In der „Rígsþula" wird beschrieben, wie Ríg in das Haus des Jarls kommt, der Tisch wird gedeckt, das Essen wird aufgetragen, es wird ein geselliger Abend: *„In kostbaren Kelchen und Kannen war Wein: Sie tranken und sprachen bis der Abend sank."*

Eine gepflegte (Tisch- und) Trinkkultur belegen gläserne, fein gearbeitete Trinkgefäße, die man als Beigabe in Frauen- und Männergräbern (der wohlhabenden Oberschicht) gefunden hat. Häufige Fundstücke an den Handelsplätzen der Wikingerzeit sind getöpferte Kannen aus dem Rheinland, die zum Transport von Wein ebenso wie zum Einschenken benutzt wurden. In Haithabu fanden (Wein-) Fässer aus dem Rheinland eine sekundäre Verwendung als Brunnenfassung.

Während Wein immer eingeführt werden musste, gehörten Beeren- und Obstweine zu den einheimischen Produkten. Am gängigsten waren wohl Apfelwein, der – etwas moussierend – heutigem Cidre entspricht, und Johannisbeerwein. Ein Alltagsgetränk waren aber auch sie nicht. Es gibt keine Hinweise darauf, dass an normalen Werktagen getrunken wurde.

Dass bei Festen gerne mal über die Stränge geschlagen wurde, belegen mehrere in der „Edda" überlieferte Ratschläge bezüglich des Alkoholkonsums. In den Verhaltensregeln der „Edda" (*Hávamál*) heißt es: „*Kleb nicht am Becher, trink mäßig Met.*"

Es scheint aber auch Höfe gegeben zu haben, auf denen überhaupt nicht gebraut wurde. Das mittelalterliche Gulathing-Gesetz befasst sich mit denjenigen, die nicht zu den vorgeschriebenen Zeiten Bier brauten, sie mussten sich auf empfindliche Bußen einstellen. So verlor ein Bauer, der drei Jahre lang kein Bier gebraut hatte, sein ganzes Hab und Gut – die eine Hälfte erhielt der Bischof, die andere der König. Offenbar hatten nicht alle Bauern die Lust oder die Mittel, Bier zu brauen, es hätte sonst keinen Sinn gemacht, das Nichtbrauen unter Strafe zu stellen.

Die Götter der Wikinger waren stark und allmächtig

Kurland um 855. Acht Tage belagerten die Schweden Grobina, *„täglich stand man früh bis spät in hartem Kampfe; beide Seiten erlitten schwere Verluste"*. Am neunten Tag schließlich verloren die Angreifer den Mut und beschlossen eine Befragung des Losorakels, *„ob ihre Götter ihnen beistehen wollten, den Sieg zu erringen oder wenigstens das Leben zu retten. Aber sie konnten durch Loswurf keinen Gott finden, der bereit gewesen wäre, ihnen zu helfen"*. Als einer der anwesenden Kaufleute vorschlug, es doch mit dem Christengott zu versuchen, willigten sie ein und errangen den Sieg. Ob sich die Geschichte so abgespielt hat, wie sie Rimbert in der „Vita Anskarii" zwei Jahrzehnte später schilderte, ist fraglich. Es lag in seinem Interesse, die heidnischen Götter als schwach darzustellen. Auf diese Weise konnte er die Überlegenheit des Christengottes und die positiven Auswirkungen für Ansgars Missionswerk vor Augen führen. Fakt ist, dass die Wikinger noch fast eineinhalb Jahrhunderte an ihren alten Göttern festhielten – allen Schwächen und manchem Misserfolg zum Trotz.

Die Hauptgötter im nordischen Pantheon waren Odin, Thor, Frey und Freyja. Es gab noch weitere Götter, einige – wie Tyr – waren ehemals machtvolle Götter, die sozusagen aus der Mode gekommen waren, andere Gestalten scheinen eher den Status von Halbgottheiten gehabt zu haben.

Eine der ausführlichsten Quellen über die Götter ist die „Gylfagin-ning" („Die Täuschung Gylfis"), der erste Abschnitt der „Snorra-Ed-da". In der Rahmenhandlung wird beschrieben, wie der schwedische König Gylfi in Verkleidung nach Asgard zieht, um die Götter und ihre Welt kennenzulernen. Die Antworten auf seine Fragen vor Ort erge-ben eine systematische Darstellung der nordischen Mythologie. Zu den Asen, von denen die Götterburg Asgard (Heim der Asen) ihren Namen hat, gehören Odin und seine Gattin Frigg, seine Söhne Thor und Balder. Ebenfalls in Asgard wohnen der Halbgott Loki und einige Vanen, darunter die Fruchtbarkeitsgötter Frey und Freyja. Heimdall bewacht die (Regenbogen-) Brücke Bifröst, die Asgard mit Midgard, der Mittelwelt verbindet, wo die Menschen leben. In Utgard, der Au-ßenwelt, hausen die Riesen, Trolle und Ungeheuer, darunter die Mid-gardschlange und der Fenriswolf – die größten Feinde der Menschen. Die (drei) mächtigen Wurzeln des Weltenbaums Yggdrasil erstrecken sich über die ganze Welt – Asgard, Midgard und Utgard. Unter ihren Zweigen halten die Götter Gericht. Zu ihren Füßen liegt der Urds-brunnen, worin Weisheit und Verstand verborgen sind und drei Nor-nen ihren Sitz haben, die das Schicksal der Menschen bestimmen. Wenn Yggdrasil, der Weltenbaum, zu zittern beginnt, naht das Wel-tenende – Ragnarök. Dann werden Götter, Riesen und Ungeheuer gegeneinander kämpfen und zugrunde gehen: Der Fenriswolf ver-schlingt Odin, wird danach aber von dessen Sohn Vidar getötet. Thor kämpft gegen die Midgardschlange. Er tötet sie, stirbt aber kurz dar-auf an ihrem giftigen Geifer. Loki und Heimdall erschlagen sich ge-genseitig, Frey kämpft gegen den Feuerriesen Surt.

Die Götter sind machtlos gegen das vorherbestimmte Schicksal; sie lügen und betrügen, sie täuschen und töten, um das Schicksal ab-zuwenden und sehen doch unerbittlich der Zerstörung der Welt ent-gegen. Aber das Ende der Welt ist nicht endgültig: In den Versen der „Völuspá", dem berühmtesten Götterlied der „Lieder-Edda", prophe-zeit die Seherin, dass eine neue Erde und ein neuer Himmel aus dem Meer emporsteigen werden. Die Lichtgestalt Balder, der einzig schuld-

freie unter den Göttern, wird wiederkommen, ein neues Menschenge-
schlecht wird entstehen.

Trotz dieser durchaus positiven (möglicherweise vom Christentum beeinflussten) Prophezeiung ist die Grundkonstellation der nordischen Götterwelt schwierig und eher düster. Die überlieferten Mythen ergeben kein stimmiges Gesamtbild, sie bestehen aus einzelnen
Erzählungen über die Entstehung, das Ende der Welt, und die Erlebnisse der Götter – von tragischen Episoden bis zu schwankhaften Begebenheiten ist alles vertreten. Die Götter haben bemerkenswert viele
(menschliche) Schwächen und Macken, sodass sich die Frage auf-
drängt, weshalb die Menschen sie verehrten und Hilfe für ihre verschiedenen Sorgen und Nöte erwarteten.

Snorri zufolge ist der wissbegierige, aber auch unheilvolle Odin
der *„vornehmste und älteste der Asen … Er herrscht über alle Dinge, und
obgleich die anderen Götter auch mächtig sind, so dienen sie doch alle
ihm wie die Kinder ihrem Vater"*. Odins Name wird mit dem altnordischen Wort *óðr* (wütend, rasend) in Verbindung gebracht. Die germanische, angelsächsische Variante seines Namens ist Wotan, der schon
bei den germanischen Stämmen und Völkern der Wanderungszeit be-
zeugt ist. *Wodan, id est furor* – „Wotan ist Wut", erklärt Adam von
Bremen.

Odin tötet mit seinen Brüdern Vili und Vé den Ur-Riesen Ymir, in
dessen Blut alle Riesen bis auf Bergelmir (und seine Frau) ertrinken.
Aus Ymirs Körper erschaffen die Götter die Welt, aus seinem Blut entstehen das Meer und alle Gewässer, sein Fleisch wird die Erde, seine
Knochen die Berge, sein Schädel bildet den Himmel. Die Riesen pflan-
zen sich fort, den Mord an Ymir nehmen sie den Göttern übel. So
herrscht von Anfang an Zwietracht zwischen Göttern und Menschen
auf der einen, den Riesen und Ungeheuern auf der anderen Seite.

Odin kann in die Zukunft blicken, er weiß, dass der Untergang der
Welt nicht aufzuhalten ist, und versucht doch alles, um ihn zu verhin-
dern. Er ist weise und fast zwanghaft wissbegierig. Von seinem Thron
Hliðskjálf in Asgard kann er die ganze Welt überblicken. Auf seinen
Schultern sitzen die zwei Raben Hugin und Munin (Gedanke und Er-

innerung). Bei Sonnenaufgang schickt er sie los zum Flug um die Welt, zum Frühstück sind sie zurück und berichten ihm jede kleine Neuigkeit, die sie gesehen und gehört haben. Von den Dichtern wird Odin geliebt, weil er einem Riesen den Dichtertrank raubte und den Menschen davon abgab. Oft wechselt Odin die Gestalt und begibt sich auf Wanderschaft, um in Gesprächen mit Riesen, Zwergen, Wald- und Wassergeistern Geheimisse zu erfahren. Für einen Trunk aus dem, vom Riesen Mimir bewachten Brunnen der Weisheit (am Fuße der Weltenesche Yggdrasil) opfert er ein Auge. Odin ist ein Getriebener, die Entdeckung der Runen kostet ihn fast das Leben: Der schwer verständliche Mythos erzählt, dass er speerverwundet neun Tage und Nächte im Weltenbaum Yggdrasil hing, ohne zu essen und ohne zu trinken. Als er in die Tiefe blickte, ergriff er schreiend die Runen und fiel hinab. Odin reitet durch die Welt auf dem achtbeinigen Pferd Sleipnir, das über Wasser und durch die Luft rennen kann. Als Waffe trägt er einen Speer, der immer sein Ziel trifft. Auf dem Schlachtfeld gefallene Helden bewirtet er fürstlich in Walhall, ihnen fehlt es an nichts. Krieger und Dichter verehren ihn gleichermaßen, eine sympathische Gestalt ist er aber nicht. Von Mädchen und Frauen hält er nicht viel: *„Dem Wort eines Mädchen soll keiner trauen, auch dem einer Frau nicht"*, rät er im ersten Odinsbeispiel in der „Edda", ein paar Verse später gesteht er seine unglückliche Liebe zu *„Billings Mädchen"*, das ihn zurückwies. Die wikingerzeitlichen Skalden, die Personen und Ereignisse gerne umschrieben, haben eine Vielzahl von Namen für Odin, die seine dunkle, zwiespältige Seite widerspiegeln: Angreifer, Aufhetzer, Übeltäter, Herr der Galgen, der Einäugige, der Allwissende, der geübte Verführer, der Zauberer, Herr der Erschlagenen, um nur einige zu nennen. In Dänemark findet man Ortsnamen, die auf die Verehrung Odins hinweisen: Der Name der Stadt Odense beispielsweise dürfte sich aus einer wikingerzeitlichen Kultstätte für Odin entwickelt haben. Im Rest Skandinaviens fehlen Ortsnamen, die man mit Odin in Verbindung setzen könnte, fast vollständig.

Im täglichen, das heißt bäuerlichen Leben wurde vermutlich Thor vorgezogen. Adam von Bremen schreibt um 1075 in der Hamburgischen Kirchengeschichte über Thors herausragende Bedeutung im Zusammenhang mit der Schilderung des Tempels in Uppsala: *„In diesem ganz aus Gold gefertigten Tempel verehrt das Volk die Bilder dreier Götter; als mächtigster hat in der Mitte des Raumes Thor seinen Thronsitz."* Thor, der Sohn Odins mit einer Riesin namens Jörd (Erde), ist der Beschützer der Bauern und Fischer. Anders als der schlaue, durchtriebene und mitunter bösartige Odin, ist er ein gutmütiger, hilfsbereiter Kraftkerl.

Die Dichter spötteln gern über seinen unmäßigen Appetit und seinen nicht minder starken Durst. Thor ist der Herr über Blitz und Donner, über Sturm und Unwetter. Er lässt sich auf seinem von zwei heiligen Böcken gezogenen Wagen über den Himmel fahren. Ohne Unterlass ist er darum bemüht, die Götter und Menschen vor den Mächten Utgards zu schützen: vor Riesen und Trollen und vor den Endzeitungeheuern, allen voran der Midgardschlange.

Drei kostbare Besitztümer helfen ihm, die Kämpfe gegen seine Feinde zu bestehen: Ein Kraftgürtel verdoppelt seine göttliche Kraft. Mit seinem Paar eiserner Handschuhe kann er Felsen zermalmen, mit dem Hammer Mjöllnir, der wie ein Bumerang immer in Thors Hand zurückkehrt, tötet er so manchen Riesen. Nicht in allen Geschichten macht er eine gute Figur. So ist die Frage berechtigt, die Snorri in „Gylfaginning" stellen lässt, ob jemand Thor in seinem Leben schon mal an Leibes- oder Zauberkraft überlegen gewesen sei. Die Antwort ist diplomatisch – ja, es sei ihn schon manches *„hart angekommen, aber … so ziemt es sich doch nicht, davon zu berichten, denn es sind viele Belege dafür da, und alle Menschen sind somit verpflichtet, zu glauben, daß Thor der Stärkste ist."*

Thor ist stark (in einigen Fällen aber nicht stark genug) und immer hilfsbereit. Eine in der „Snorra-Edda" überlieferte Geschichte handelt davon, wie eines Tages der Riese Hrungnir uneingeladen in Asgard auftaucht. Thor ist wie so oft unterwegs, um *„Trolle zu erschlagen"*, die anwesenden Götter laden Hrungnir zum Trunke ein. Als der Riese betrunken ist, beginnt er zu prahlen, dass er Asgard dem Erdboden gleichmachen und alle Götter töten werde, mit Ausnahme der schönen Göttinnen Freyja und Sif, die würde er mit nach Hause nehmen. In wachsender Aufregung rufen die Asen nach Thor, der auch herbeieilt und sich voll Zorn auf den Riesen stürzen will. Da dieser unbewaffnet ist, wird ein Zweikampf vereinbart. Als es schließlich zum Kampf kommt und Thor dem Riesen kraftvoll seinen Hammer entgegenschleudert, wirft dieser einen Schleifstein zur Abwehr zurück. Der wird vom Hammer zwar zerschmettert, aber ein Splitter trifft Thor am Kopf, sodass er ohnmächtig zu Boden stürzt. Unterdessen folgt Thors Hammer unbeirrt seinem Ziel und trifft den Riesen, der tot über dem am Boden liegenden Thor zusammenbricht. Auch mithilfe der anderen Götter gelingt es Thor nicht, sich aus seiner misslichen Lage unter dem Riesen zu befreien, bis sein Sohn Magni kommt – Snorri zufolge nur drei Tage alt, aber auch drei Jahre wären noch ein zartes Alter. Magni schiebt mit leichter Hand den Riesen fort und hilft seinem Vater auf: *„Was für ein mißlich Ding, Vater, daß ich so spät gekommen bin! Mich dünkt, diesen Riesen hätte ich mit der bloßen Faust totgeschlagen, wäre ich ihm begegnet!"* Thor dankt seinem Sohn und begibt sich angeschlagen nach Hause, der Schleifstein steckt noch in seinem Kopf. Thor ist stark und gutmütig, oftmals aber auch ein echter Pechvogel.

Der dritte Hauptgott der nordischen Götterwelt ist der Fruchtbarkeitsgott Frey (*Freyr*) aus dem Göttergeschlecht der Vanen. Er ist Herrscher über Regen und Sonnenschein und schenkt Reichtum, Gesundheit und Fruchtbarkeit. Der Mythos erzählt von seiner brennenden Liebe zu dem Riesenmädchen Gerd. Mit ihr begründet er das älteste historisch fassbare schwedisch-norwegische Königsgeschlecht der Ynglinge. Eine große praktische Bedeutung im Glaubensleben dürfte er außerhalb Schwedens aber kaum gehabt haben. Seine Schwester (und zunächst wohl auch Frau) ist Freyja, die bedeutendste weibliche Gottheit. Sie ist die Göttin der Liebenden, sie ist berühmt für ihre Schönheit, viele Riesen sind ihr verfallen. Sie hat viel Gefallen an Liebesliedern, *„Liebende tun gut, sie anzurufen"*, heißt es in der „Gylfaginning". Auf Kultplätze der Göttin lassen sich dänische, norwegische und schwedische Ortsnamen zurückführen. Der wikingerzeitliche Hafen und Thingplatz Fröjel auf Gotland sowie Frejlev auf der dänischen Insel Lolland und Frøslev in Jütland sind Orte der Freyja-Verehrung.

Die Lichtgestalt unter den Göttern ist Balder. Götter und Menschen lieben ihn gleichermaßen, die Dichter schwärmen von diesem Sohn Odins: „*... er ist der Beste, und ihn loben alle. Er ist so schön anzusehen und so licht, daß Glanz von ihm ausgeht ...*", schreibt Snorri in der „Gylfaginning". Balder verkörpert Güte, Reinheit, Tugend und Klugheit. Nach schweren, Unheil verkündenden Träumen beschließen die Götter, allen Dingen auf der Welt das Versprechen abzunehmen, Balder nicht zu schaden. Seine Mutter, die warmherzige und kluge Frigg, nimmt allen den Friedenseid ab, vergisst dabei aber einen unscheinbaren Baumspross, die Mistel. Als der böse Loki das in Erfahrung bringt, schnitzt er aus der Mistel einen Pfeil, den er Höd(ur), Balders blindem Bruder, in die Hand gibt. Und als die Götter zum Spaß die Unverwundbarkeit Balders ausprobieren, indem sie die schärfsten Waffen auf ihn werfen, ohne Schaden anzurichten, da lenkt Loki den Pfeil in der Hand des nichts ahnenden Höd auf Balder, den das Geschoss tödlich trifft.

Für den von allen geliebten Balder ist Hel, die furchtbare Herrscherin des Todes, bereit, eine Ausnahme zu machen: Wenn er von allen lebenden und toten Dingen auf der Welt beweint würde, wäre sie bereit, ihn aus dem Totenreich freizugeben. Tränen fließen reichlich, nur der als ein altes Riesenweib verkleidete Loki weigert sich zu weinen. Balder muss im Totenreich bleiben und wird erst nach Ragnarök zurückkehren – als Teil einer neuen, besseren Welt.

Loki ist ein Fiesling. Er ist ein Blutsbruder Odins, wohnt in Asgard, ist aber gleichzeitig Feind der Götter. Angebetet wird er von niemandem, aber er mischt die Götterwelt ordentlich auf. Loki, der sich oft mit den Riesen gegen die Götter verbündet, ist zynisch und verschlagen, er kennt keine Freundschaft, nur ätzenden Spott, Verrat, Heimtücke und Bosheit. Loki ist aber auch listig und klug. Es gibt mehrere in den „Eddas" beschriebene Situationen, in denen er den Göttern hilft, Auswege aus schwierigen Situationen zu finden. Seine übelste

Missetat ist die Anstiftung zum Totschlag Balders. Mit der Riesenfrau Angerbode zeugt er die Feinde der Götter: die Midgardschlange, den Fenriswolf und Hel, die Göttin der Unterwelt.

Götter und göttliche Mächte waren überall gegenwärtig: im Himmel und auf der Erde, im Meer und unter der Erde – Wölwen (Seherinnen), Riesen, Zwerge, Nornen, Fylgjen, Disen und Walküren. Die meisten Kultfeiern werden im Freien abgehalten worden sein, denn von einem großen, goldenen Tempel wie der, den Adam von Bremen um 1075 beschrieb, hat man bis jetzt noch keine Spur gefunden. Unspektakulärer, aber glaubwürdiger ist der Bericht des arabischen Kaufmanns und Diplomaten At-Tartûschi, der um 950 nach Haithabu kam. Seine Reisebeschreibung ist in dem Reisebuch des al-Qazwîini überliefert: Dort heißt es: *„Sie halten ein Fest, bei dem sie sich zu Ehren ihres Gottes versammeln und essen und trinken. Jeder, der ein Tier als Opfer schlachtet, hat ein Holzgestell vor seiner Haustüre und hängt das Opfertier dort auf, ob es nun Ochse oder Widder, Geißbock oder Eber ist, damit die Leute wissen, dass er ein Opfer zu Ehren seines Gottes abhält."* Die Kirchenmänner – Adam von Bremen und Thietmar von Merseburg – beschreiben Menschenopfer, ob es solche in (spät-) wikingerscher Zeit noch gab, ist aber umstritten.

Die Opferfeste fanden in der Regel auf ausgewählten Höfen statt. In der „Heimskringla" wird erzählt, wie dem isländischen Skalden Sigvat auf seiner Reise durch Schweden das Gastrecht auf mehreren Höfen verweigert wurde, weil die Bewohner gerade im Begriff waren, zu opfern: *„Die Tür [des Hofes] war fest verschlossen und sie konnten nicht hinein. Das Gesinde schrie sie an, das wäre eine heilige Stätte, und sie machten sich infolgedessen weiter auf den Weg..."*

Der *húsbóndi*, der Herr des Hauses, führte die heidnischen Riten aus, es gibt keine Belege für eine Berufs-Priesterschaft. Öffentliche Opfer scheinen in Frösö, einer Insel im nordschwedischen Jämtland abgehalten worden zu sein. Unter dem (verbrannten) Stumpf einer Birke fand man Knochen von verschiedenen Tieren, darunter mindestens fünf Bären. Unter freiem Himmel unter dem Baum wurde ganz offensichtlich in großem Umfang geopfert – der Name Frösö setzt sich zusammen aus Frey oder Freyja (den Göttern der Fruchtbarkeit) und ö (ey), dem skandinavischen Wort für Insel. Die Insel war seit dem 10. Jahrhundert ein bedeutender Thingort. Hier wurde auch der nördlichste Runenstein Schwedens gefunden, die Inschrift datiert ins 11. Jahrhundert und lautet: „*Östmann, Sohn des Gudfast, ließ diesen Stein errichten und diese Brücke machen und er ließ Jämtland christianisieren. Åsbjörn machte diese Brücke. Tryn und Sten ritzten diese Runen.*"

Spektakulär war auch die Entdeckung eines heidnischen Kultortes und Tempels in Uppåkra, etwa fünf Kilometer südlich von Lund im südschwedischen Schonen. Zu den archäologischen Funden im Umfeld der Kultstätte, die rund siebenhundert Jahre bis zur Christianisierung gegen Ende des 10. Jahrhunderts genutzt wurde, gehören tierische wie auch menschliche Knochen, hunderte von figurativen Goldblättchen, eine prachtvolle Glasschüssel sowie Bronze- und Silberbecher mit aufgelegter Goldfolie.

Essen und Trinken gehörte zu den typischen Elementen eines Opferfestes, das *blót* genannt wurde. Es gab Bier oder Met. Die erste Schale war dem Fruchtbarkeitsgott Frey oder Odin geweiht. Danach trank man im Gedenken an die Vorfahren. Die uralte Opferformel lautete *til árs og friðar* (für gute Jahre und Frieden).

Manchmal wurden die Götter um Rat bei einer anstehenden Entscheidung gefragt, dazu wurde wie eingangs beschrieben ein Los geworfen. Durch Opfer versuchte man das Wohlwollen des Gottes zu erlangen, auf den man am meisten vertraute.

Ein eindrückliches Beispiel erzählt Snorri Sturluson in der „Ynglingasaga": In der Regierungszeit des Königs Domaldi herrschte „*in Schweden eine große Hungersnot. Da brachten die Schweden ein reiches Blutopfer in Uppsala. Im ersten Herbst opferten sie Ochsen, aber der Ertrag des Jahres besserte sich nicht. Im zweiten Herbst brachten sie Menschenopfer, doch der Ertrag des Jahres war wieder der gleiche oder noch schlechter ... im dritten Herbst kamen die Schweden in großer Menge nach Uppsala, wo die Blutopfer stattfinden sollten. Da hatten die Häuptlinge eine Beratung unter einander, und sie waren darin einig, daß an diesem bösen Jahr ihr König Domaldi die Schuld trüge. Sie meinten alle,*

man müsse ihn opfern, um ein gutes Jahr zu erlangen, man solle ihn er-
greifen und töten und den Opferaltar mit seinem Blute besprengen. Und
dies taten sie auch".

Geschenke und entsprechende Gegengeschenke erhielten die
Freundschaft, das galt für Könige in Bezug auf ihre Gefolgschaft ebenso wie für Menschen in Bezug auf die Götter. Man nahm die Schwächen der Götter in Kauf, konnte über sie spotten, über ihre Missgeschi-
cke lachen, aber in bestimmten Situationen erwartete man den richtigen Rat, Freundschaft und Zuwendung. Ein sehr persönliches Zeugnis zeigt eine Runeninschrift auf einer Spindel, die in Saltfleetbyin
Lincolnshir, England, gefunden wurde. Sie datiert ins frühe 11. Jahrhundert und enthält die Bitte einer Frau an die Götter Odin und
Heimdall, [ihrem] Úlfjótr beizustehen.

Jedem stand es frei, sich an den Gott zu wenden, dem man am
meisten vertraute, oder sich einem anderen Gott zuzuwenden, wenn
die Beziehung nicht mehr stimmte. Es gab keine festgelegte religiöse
Ordnung. Die Götter waren nicht allmächtig, am Ende des Lebens
drohte kein Jüngster Tag, und so hat es zu allen Zeiten immer auch
solche gegeben, die sich an keinen Gott banden. Ein sagatypischer
Hinweis über einen Mann, der ebenso wie sein Sohn den Beinamen
„der Gottlose" führte: *„Weder Vater noch Sohn wollten opfern; sie glaub-*
ten an die eigene Kraft."

Die Wikinger waren fanatische Heiden, ihre Kriegszüge richteten sie gegen das Christentum

Der Überfall auf das Kloster Lindisfarne im Nordosten Englands im Jahre 793 war ein schwerer Schlag für das christliche Europa. Die Kirche des heiligen Cuthbert wurde geplündert und zum Teil zerstört, Mönche erschlagen. Nur ein Jahr später wurde Jarrow, ein weiteres Kloster in Northumbrien, ebenfalls von Wikingern geplündert. Eine Abtei auf der zu Schottland gehörenden Insel Iona wurde dreimal hintereinander (795, 802, 806) Opfer von Überfällen. Mit Kloster St. Philibert auf Noirmoutier begannen 799 die ersten Angriffe auf das Frankenreich. Ein fränkischer Chronist beschreibt den nicht enden wollenden Alptraum: *„Die Normannen aber hörten nicht auf, das christliche Volk in Gefangenschaft zu führen und zu töten, die Kirchen zu zerstören, die Mauern niederzureißen und die Dörfer zu verbrennen. Auf allen Straßen lagen die Leichen von Geistlichen, von adligen und anderen Laien, von Weibern, Jugendlichen und Säuglingen. Es gab keinen Weg und Ort, wo nicht Tote lagen; und es war für jedermann eine Qual und ein Schmerz zu sehen, wie das christliche Volk bis zur Ausrottung der Verheerung preisgegeben war."* („Annalen von St. Vaast" zum Jahr 884). Man könnte auf die Idee kommen, dass die Nordmänner speziell etwas gegen das Christentum gehabt hätten. Sie aber wollten lediglich Beute, und die Klöster waren reich.

Was ihre Götter anging, waren die Wikinger weitaus toleranter als ihre christlichen Zeitgenossen. Die Wikingerzeit ist gekennzeichnet durch den bemerkenswert fließenden, über zweihundert Jahre andauernden Übergang vom germanischen Götterglauben zum Christentum. Als Händler, Siedler und Seeräuber kamen die Wikinger in Irland, England und dem Frankenreich lange vor der Christianisierung des Nordens in direkten Kontakt mit Christen. Um die Mitte des 9. Jahrhunderts begann eine Phase der Glaubensvermischung und wechselseitiger Einflüsse, vor allem vom Christentum zum Heidentum. Es bereitete den Wikingern kaum Schwierigkeiten, dem Pantheon ihrer Götter einen weiteren hinzuzufügen. In den „Isländersagas" finden sich viele Hinweise darauf, dass es sowohl bei Kaufleuten, die mit Christen Geschäftsbeziehungen unterhielten, als auch bei Söldnern, die bei Christen in Diensten standen, allgemeiner Brauch war, sich zum Schein taufen zu lassen.

In der „Egils saga" wird dieser Brauch geschildert: *„England war christlich und war es schon lange gewesen, als sich dies zutrug; König Aðalsteinn war ein guter Christ, man nannte ihn Aðalsteinn den Glaubensfesten. Der König forderte Þórólf und seinen Bruder auf, die Primsegnung anzunehmen, denn das war damals verbreitete Sitte bei Kaufleuten und solchen Männern, die bei Christen in Dienst traten; die Männer, die die Primtaufe erhalten hatten, konnten mit Christen wie mit Heiden frei verkehren, hatten aber den Glauben, der am meisten nach ihrem Sinne war."*

Diese vorläufige Taufe, *prímsigning* genannt, war überaus praktisch, denn sie gewährte volle Gemeinschaft mit den Christen, ohne ausdrücklichen Verzicht auf den heidnischen Glauben zu fordern. Der zu Bekehrende wurde über das Christentum belehrt, bekreuzigt, aber nicht mit Wasser begossen. Dadurch, dass ihm das Taufwasser erspart blieb, konnte sich der Bekehrte nach wie vor seinen alten Göttern verbunden fühlen. Nicht immer wurden alle Mitglieder einer Familie getauft. So nahm þjóðhild, die Frau Eiríks des Roten (um das Jahr 1000) das Christentum an und ließ in Brattahlíð eine Kirche bauen. þjóðhilds winziges Gotteshaus ist archäologisch nachgewiesen (und nachgebaut), Eirík aber hielt an den alten Göttern fest.

In einigen Fällen zeugen Runeninschriften von der Unsicherheit der Hinterbliebenen gegenüber der neuen Religion des Verstorbenen: *„Möge Christus Tummes Seele in das Licht und Paradies kommen lassen und in die Welt, die für Christen am Besten ist"*, heißt es auf einem Stein aus Folsberga, nördlich von Stockholm. Mischformen des Glaubens wird es lange gegeben haben. Einer der ersten isländischen Landnehmer, Helgi der Magere, hatte – so steht es im „Buch der Landnahmen" – *„einen sehr gemischten Glauben. Er glaubte an Christus, aber bei Seereisen und schwierigen Unternehmungen rief er Thor an"*. Das Mit- und Nebeneinander von Christenglauben und Heidentum wird durch archäologische Funde bestätigt. In manchen Gräbern stieß man sowohl auf Symbole des Christentums als auch auf Symbole des Asenglaubens. Bemerkenswert ist der Fund einer Speckstein-Gussform, die einem Feinschmied gehörte, der Anhänger beider Religionen bediente. Wahlweise konnte er das christliche Kreuz oder Thors Hammer gießen oder eben beides, die Nachfrage bestimmte das Angebot.

Die Christianisierung des Nordens verlief in großen Teilen erstaunlich friedlich. Die ersten Missionare kamen, die Könige hatten nichts gegen den neuen Glauben, im Gegenteil, sie sahen die Vorteile für die Kaufleute in den Handelsplätzen und damit letztendlich die Stärkung ihrer eigenen Macht. Die Bevölkerung indes war nicht besonders berührt. Dänemark und Schweden waren das erste Ziel karolingischer Missionare, nachdem Karl der Große die Sachsen nach dreißig Jahre andauerndem, äußerst blutigem Krieg besiegt, zu Tausenden massakriert, umgesiedelt, und zwangsgetauft hatte. Ludwig der Fromme (gest. 840) ging behutsamer vor als sein Vater. Er schickte den Mönch Ansgar (801−865) in den heidnischen Norden, der nicht versuchte, die Heiden durch Gewalt, sondern durch Predigt und Geschenke vom neuen Glauben zu überzeugen. Bischof Rimbert, der zwischen 865 bis 876 das Leben seines Vorgängers aufschrieb, erzählt von dessen erster Reise ins schwedische Birka. Ihm zufolge gab es dort zahlreiche christliche Sklaven, *„die froh waren, endlich wieder der heiligen Sakramente teilhaftig zu werden"*. Auch etliche Heiden zeigten sich interessiert an der neuen Lehre. Mit Zustimmung des Königs wurde in Birka die erste christliche Kirche in Skandinavien geweiht.

Nicht zuletzt dank dieser Erfolge wurde im Jahre 831 das Erzbistum Hamburg gegründet. Als Erzbischof von Hamburg und später von Bremen erhielt Ansgar vom Papst persönlich den Auftrag zur Christianisierung aller *„Völkerschaften der Schweden, Dänen, Slawen und sonstigen Stämme im Norden ..."* In Haithabu genehmigte König Horich der Ältere den Bau eines Gotteshauses, doch nach Horichs Tod fiel Haithabu wieder ins Heidentum zurück, der Priester wurde verjagt, die Kirche geschlossen. Der unermüdliche Ansgar brachte die Angelegenheit wieder in Ordnung. Und mehr als das, denn nun erlaubte König Horich der Jüngere *„der Kirche sogar den Gebrauch einer Glocke. Auch in Ribe verlieh er ihm in gleicher Weise ein Grundstück zum Bau einer Kirche und genehmigte die Anwesenheit eines Priesters"*.

Dass sich die ersten Missionsbestrebungen auf die großen Handelszentren konzentrierten, und hier auch die ersten Kirchen errichtet wurden, hatte ganz pragmatische Gründe. Christliche Kaufleute, die in heidnischen Gebieten unterwegs waren, sollten Zugang zu Gottesdienst und den heiligen Sakramenten haben. Nach mehr als zwanzig Jahren reiste Ansgar erneut nach Birka, dessen König und Volk er *„in tiefem Irrglauben"* vorfand. Die Bevölkerung hing noch immer oder schon wieder dem alten Glauben an die Götter nach. Der Missionar trug sein Anliegen vor und traf beim Herrscher auf ein offenes Ohr. Dieser war bereit, die Tolerierung der Christen zu befürworten. Er konnte das aber nicht allein bestimmen, vorher mussten die Götter per Los befragt werden und das Thing dem Beschluss zustimmen. Die Lose wurden geworfen und fielen zugunsten Ansgars und des christlichen Glaubens. In der darauffolgenden Versammlung des Things entbrannte eine heftige Diskussion zwischen Befürwortern und Gegnern, bis schließlich ein alter Mann das Wort ergriff: Er sprach von denen, die schon vor längerer Zeit etwa in Handelsplätzen wie Dorestad die

Taufe empfangen hätten. Weil aber die Fahrt dorthin wegen der räuberischen Überfälle immer gefährlicher geworden sei, wäre es doch gut, die Priester vor Ort zu haben. Außerdem könne es doch passieren, dass einem die eigenen Götter einmal nicht gewogen seien, dann wäre es doch gut, die Gnade des Christengottes zu genießen. Die tolerante und praktische Einstellung überzeugte die Volksversammlung, der alte Ansgar durfte Priester ins Land holen, die ersten Kirchen wurden gebaut. Letztlich aber konnten sich die wenigen Christen nicht durchsetzen.

Der später für seine redlichen Bemühungen heiliggesprochene Missionar ging als Apostel des Nordens in die Geschichte ein, obwohl seine Erfolge in der Heidenbekehrung eher gering und nicht von Dauer gewesen waren. Keine der drei von ihm gegründeten Kirchen hatte lange Bestand. Noch zweihundert Jahre später wurde geopfert, die mittelalterlichen Geschichtsschreiber und Kirchenmänner Adam von Bremen und Thietmar von Merseburg berichten von großen Opferfeiern im dänischen Lejre und im schwedischen Uppsala.

Erst als sich Adel und Könige dem neuen Glauben anschlossen, ging es mit der Christianisierung voran. Auf ihren Fahrten hatten die wikingerzeitlichen Herrscher staunend in prachtvollen Kathedralen gestanden, sie erlebten, wie sich die Herrscher in England, im Frankenreich, in Byzanz als Könige und Kaiser „von Gottes Gnade" in Szene setzten und die Kirche deren Macht stärkte. Allein schon aus diesem Grunde unterstützten viele Häuptlinge und Könige im Norden die frühen Missionsversuche der Kirche. Dabei wird weniger der Glaube als machtpolitisches Kalkül im Vordergrund gestanden haben. In Dänemark wurde das Christentum offiziell während der Regierungszeit von Harald Blauzahn in der zweiten Hälfte des 10. Jahrhunderts eingeführt. Doch schon lange vorher hatten hier Christen gelebt. Widukind von Corvey (gest. 973) berichtet in seiner „Sachsengeschichte": *„Die Dänen waren von alters her Christen, dienten aber nichtsdestoweniger den Götzen nach heidnischer Weise."* In der königlichen Nekropole (Begräbnisstätte) im jütländischen Jelling zeugen eine Kirche, zwei Grabhügel und ein Runenstein von dem Glaubenswechsel. Die berühmte Inschrift auf dem großen Jelling-Stein lautet: „*König Harald lief dieses Denkmal zur Erinnerung an König Gorm, seinen Vater, und seine Mutter Thyra errichten: Jener Harald, der ganz Dänemark und Norwegen gewann und die Dänen zu Christen machte.*" Den Stein verziert ein großes Relief, das als Christusfigur gedeutet wird. Beiderseits der Kirche erheben sich zwei imposante Hügel. Es könnte gut sein, dass der (965) bekehrte und getaufte König Harald seinen Vater, König Gorm den Alten, vom Nordhügel in die neu erbaute Kirche umbetten ließ. Die christliche Neubestattung sollte das Seelenheil des heidnischen Verstorbenen sichern.

Es scheint keinen offenen Widerstand gegen den neuen Glauben gegeben zu haben, der unter Haralds Nachfolger Sven Gabelbart dann auch vom Volk angenommen wurde, obwohl Adam von Bremen diesen in seiner Kirchengeschichte als Heiden bezeichnet – doch das ist vermutlich der Tatsache geschuldet, dass Sven Priester aus England holte und sich damit den Machtansprüchen der Bremer Diözese entzog.

In Norwegen setzte die Christianisierung in etwa zeitgleich mit Dänemark ein, zog sich aber länger hin, weil sich einzelne Regionen der Bekehrung widersetzten. Vor allem die Ladejarle im mittelnorwegischen Trøndelag hielten zäh am Heidentum fest und nutzten die alten Götter im Kampf um die Herrschaft in Norwegen. Im Gegensatz zu den beiden Königen, die die Christianisierung Norwegens mit Gewalt durchsetzten, hatten sie ihr Vermögen nicht als raubende Wikinger, sondern als Landbesitzer, Bauern und Händler verdient. Sowohl Ólaf Tryggvason (gest. 1000) als auch Ólaf Haraldsson (gest. 1028) waren jahrelang als Wikinger plündernd von Küste zu Küste gezogen und im Ausland getauft worden. Englische Quellen berichten, dass der englische König Æthelred (von Wessex) der Taufpate von Ólaf Tryggvason gewesen sei, Snorri zufolge wurde er von einem Einsiedler auf den Scilly-Inseln getauft. Ólaf Haraldsson begegnete Æthelred, als sich dieser nach der Eroberung Englands durch Sven Gabelbart im Exil in der Normandie befand. Beide benutzten das Christentum und die Christianisierung, um ihre Machtansprüche in Norwegen zu sichern.

Rigoros unterdrückten sie alle heidnischen Rituale, nachdem sie das Land eingenommen hatten. Wer heidnische Opferfeste abhielt, wurde gefoltert, erschlagen, enteignet. Nichts deutet darauf hin, dass einer der beiden Christenkönige besonders gläubig gewesen wäre; was sie antrieb, war die Vergrößerung ihrer Macht. Die Zahl ihrer politischen Feinde wuchs, auf Seiten der Heiden wie der Christen. Ólaf Tryggvason kam im Jahr 1000 in der Seeschlacht mit einer schwedisch-dänischen Flotte bei Svolder um, Ólaf Haraldsson fiel 1030 in der Schlacht bei Stiklestad im Trøndelag im Kampf gegen Dänen und aufständische, heidnische Norweger. Noch am Rande des Schlachtfelds ereigneten sich die ersten Wunder. Ólafs Leichnam wurde nach Nidaros (Trondheim) überführt, wenig später setzten die ersten Wallfahrten zu seinem Grab ein. Der erschlagene, unbeliebte Wikingerkönig wurde quasi über Nacht zu einem verehrten Heiligen. Auch hinter dieser Bewegung standen politische Interessen. Die Religion diente als Mittel zum Zweck. So plünderte der christliche Sven Gabelbart im Jahr 994 Seite an Seite mit dem damals noch heidnischen Ólaf Tryggvason im christlichen England. Im Jahr 1000 kämpfte Sven dann auf der Seite des christlichen Schwedenkönigs Olof Skötkonung gegen den mittlerweile christlichen Ólaf Tryggvason.

Verglichen mit Norwegen verlief Islands Weg zum Glaubenswechsel ausgesprochen unkompliziert, obwohl auch hier der norwegische König Ólaf Tryggvason seine Hand im Spiel hatte und die mächtigsten Familien der Insel (durch die Geiselnahme ihrer Söhne) massiv unter Druck setzte.

Schon unter den ersten Siedlern, die über das bereits seit Jahrhunderten christliche Irland, Schottland und die Hebriden, nach Island gelangt waren, hatte es zahlreiche Christen gegeben, doch waren die nachfolgenden Generationen zum heidnischen Glauben zurückgekehrt. Bis zur Jahrtausendwende blieb die isländische Bevölkerung fast vollkommen heidnisch. Im Jahr 999 oder 1000 kam es anlässlich des Allthings zu einer im „Isländerbuch" überlieferten Auseinandersetzung zwischen Christen und Heiden: Die heidnische Partei war größer als die christliche, doch der Beschluss des heidnischen Gesetzessprechers þorgeir, das Christentum freiwillig anzunehmen, wurde damit begründet, dass das Land „*ein Gesetz und einen Glauben*" haben müsse. „*Es wird sich bewahrheiten: Wenn wir das Gesetz zerreißen, dann zerreißen wir auch den Frieden*", schließt er seine beeindruckende Rede. Beide Seiten stimmten zu. Es wurde festgelegt, dass alle Leute Christen werden und die Taufe empfangen sollten. „*... doch für die Kindesaussetzung und das Essen von Pferdefleisch sollten die alten Gesetze gelten. Die Leute sollten im Geheimen opfern dürfen, wenn sie das wollten, doch sollte die geringere Acht verhängt werden, wenn dafür Zeugen beigebracht würden. Doch schon nach wenigen Jahren wurde dieser heidnische Brauch genau wie die anderen abgeschafft.*"

Es war ein lockerer Übergang, von keinerlei Fanatismus geprägt. Wer wollte, konnte im privaten Umfeld noch seinen alten Gewohnheiten anhängen, wer wollte, konnte sich dem neuen Glauben zuwenden. Noch lange hielt sich der heidnische Glaube in Schweden. Während der westliche Teil des Landes unter der Herrschaft des christlichen Königs Olof Skötkonung in den Jahrzehnten vor und nach 1000 schrittweise christianisiert worden war, blieben alle Versuche, den heidnischen Widerstand in der Gegend um das alte Zentralheiligtum in Uppsala zu brechen, ohne dauerhaften Erfolg. Uppsala war der berühmteste heidnische Opferplatz in Skandinavien. Hier stand bis ins 12. Jahrhundert ein Tempel, in dem das Volk seine Götter verehrte und der nach dem Bericht des Adam von Bremen „*vollständig mit Gold bedeckt war*". Während das Heidentum in anderen Regionen nur locker organisiert war, scheint es in Uppsala eine berufliche Priesterschaft unter dem Patronat des Königs gegeben zu haben. Als Sigtuna am nahe gelegenen Mälarsee um das Jahr 1060 Bischofssitz wurde, standen in Alt-Uppsala laut Adam von Bremen, blutige Opferfeiern noch in voller Blüte. Über 650 christliche Runensteine und viele heidnische Bestattungen belegen, dass hier noch das ganze 11. Jahrhundert hindurch Christen und Heiden friedlich Seite an Seite lebten.

Der Übertritt der Herrschenden zum Christentum war im gesamten Norden eine bewusste machtpolitische Entscheidung, der Glaubensübergang in der Bevölkerung aber zog sich in die Länge. Odin und

Thor hatten den Menschen im Norden lange beigestanden. In den Versen des Skalden Hallfreð wird deutlich, wie schwer manchen von ihnen der Übergang fiel. Hallfreð hatte seit seiner Jugend die heidnischen Götter verehrt, allen voran Odin, den Gott der Dichter, als Skalde am Hofe Ólaf Tryggvasons musste sich der junge Isländer taufen lassen, doch bis an das Ende seines Lebens blieb er den heidnischen Göttern verbunden: *„Er redete nie schlecht über die heidnischen Götter, auch wenn andere sie lästerten."*

Die Wikinger waren bemerkenswert flexibel, was ihren Glauben anging. Der religiöse Fanatismus und Missionierungseifer der christlichen Herrscher und Kirchenmänner war ihnen fremd. Es gibt keinerlei Hinweise darauf, dass die heidnischen Wikinger versuchten, anderen Menschen ihre eigenen Götter oder ihren Glauben aufzuzwingen, weder ohne noch mit Gewalt.

Die Wikinger strebten den Heldentod an

„Einen König soll man zum Ruhm haben und nicht zu langem Leben", rief König Magnus aus, als er 1103 im Alter von nicht einmal dreißig Jahren im Kampf fiel. Magnus Berrføtt (Barfuß), den Snorri Sturluson in der „Heimskringla" als letzten Wikingerkönig in Szene setzte, soll zu Lebzeiten den Beinamen „Sryrjaldar-Magnus" getragen haben. Das lässt sich mit „Kriegs-Magnus" übersetzen. Und in der Tat scheint er ein kriegerischer Herrscher gewesen zu sein, der seine Eroberungszüge durch Plünderungen finanzierte. Er führte Krieg gegen den schwedischen König, unterwarf die Orkneys, die Färöer und die Insel Man, und als er in Irland sein Leben verlor, hatte er vermutlich noch einiges vor. Der Heldentod kam ihm nicht gelegen, aber der Sagaschreiber machte – mit einem pointierten Schlusssatz – das Beste daraus. Wobei der Heldentod auch in diesem (gern zitierten) Fall nicht angestrebt, sondern hingenommen wurde. Ob er sich auf Walhall freute, lässt sich nicht sagen.

Walhall (<u>altnord.</u> *Valhöll* – „Halle der Gefallenen"), das Paradies für ehrenvoll in der Schlacht gefallene Krieger, lag in Asgard. In den Götterliedern der „Edda" werden die prachtvollen Wohnsitze der Götter beschrieben, in der „Grímnirsmál" liest man:

„Gladheim [Glaðsheimr] heißt das fünfte,
wo das goldglänzende

Walhall weithin
gebreitet liegt;
Odin wählt sich dort
Tag für Tag
waffengefallene Männer."

Die prachtvolle Halle besitzt 540 Tore, die so breit sind, dass je achthundert Krieger nebeneinander durch jedes der Tore gleichzeitig ausziehen können, „*wenn's gilt, mit dem Wolfe zu kämpfen*". Das von Speeren getragene Dach ist mit Schilden gedeckt, für Licht in der Halle sorgt der Glanz der Schwerter. Tagsüber halten sich die von Odin auserwählten Männer mit Kämpfen fit, um es sich dann nachts in geselliger Runde gut gehen zu lassen, Walküren gehen herum und bieten Bier an, die Ziege Heidrun gibt Met, „*nie kann das Labsal versiegen*". Auch an Fleisch herrscht kein Mangel, der Eber Sæhrímnir wird jeden Tag vom Koch zubereitet und wieder zum Leben erweckt, um am nächsten Tag wieder als Mahlzeit dienen zu können.

Dieses Schlaraffenland für Mettrinker, Fleischesser und Kämpfer ist allerdings kein Ort für die Ewigkeit, sondern eher ein Trainingslager der Helden für Ragnarök, den letzten großen Kampf der Götter gegen die Feinde der Menschen, bei dem die Welt untergeht. Inwieweit die Hoffnung, die Gefallenen würden nach dem Tod in Odins Kriegerparadies eingehen, im echten Wikingerleben wirklich verbreitet war, ist nicht sicher. Die literarischen Zitate sprechen dafür, dass die Vorstellung von Walhall erst vergleichsweise spät ausformuliert wurde.

Dass man an ein Leben nach dem Tod glaubte, beweisen die nordischen Gräber: Viele (wohlhabende) Krieger wurden mit ihren Waffen, Boot und Pferd für ihre Fahrt ins Jenseits ausgestattet. In Skriðadalur im Osten Islands wurde das Grab eines Mannes entdeckt, an dessen Fußende ein Pferdeskelett lag, es war fertig gesattelt und geschirrt. Die Knochenuntersuchung ergab, dass es ein junges, starkes Pferd war, das seinen Reiter zuverlässig an sein jenseitiges Ziel bringen konnte. Ob das Walhall war, muss offen bleiben. Auf alle Fälle waren die vornehmsten Männer mit allem ausgestattet, was ein Krieger brauchte, um in die Schlacht zu ziehen: Pferd, Schwert, Axt, Speer und Schild.

Die Vorstellung vom Walhall Odins – als Halle der Gefallenen – mischt sich mit älteren Darstellungen von einem unterirdischen Totenort. In der „Geschichte der Dänen" des Saxo Grammaticus zieht der erschlagene Dänenkönig Harald Kampfzahn an der Spitze der gefallenen Krieger in eine unter der Erde liegende Halle. Laut der „Grímnirsmál" wohnt Hel, die Göttin des Todes, unter einer der drei Wurzeln des Weltenbaums Yggdrasil. Wie so viele Götter und Halbgötter der nordischen Mythologie ist sie keine sonderlich sympathische Gestalt. Ihre Haut ist zur einen Hälfte von normaler Farbe, zur anderen blau-schwarz, was bedeutet, dass sie halb tot und halb lebendig ist. Hels Totenreich ist vom Todesfluss Gjöll umgeben, über den eine goldene Brücke führt, die von der Riesin Modgudur bewacht wird. Diese befragt die Ankömmlinge nach ihrem Namen und Geschlecht. Verwehrt wird der Eintritt niemandem, aber wer Helheim einmal erreicht hat, kehrt nicht zurück.

Hel ist die Herrin der Totenwelt, sie trägt den gleichen Namen wie die Totenwelt selber. Hel nahm zunächst alle in Empfang, die nicht auf dem Schlachtfeld fielen. Erst später wurde Hel zu einem Ort der Bestrafung für Böse, insbesondere für Lügner und Mörder. Zu Hel kamen dann *„meineidige Männer und Verbrecher und die, die eines anderen Gattin verführen"*, so heißt es in der „Völuspá". Die englische Bezeichnung *hell* ebenso wie das deutsche Wort Hölle leiten sich davon ab.

Für den Glauben an den Aufbruch in eine andere Welt sprechen die fast ausschließlich aus Skandinavien bekannten unterschiedlichen Formen von Schiffsgräbern. Diese gab es sowohl im Zusammenhang mit Feuer- als auch mit Erdbestattungen. Bei der Brandbestattung wurde der oder die Tote mitsamt dem Boot eingeäschert. Sehr eindringlich ist der Augenzeugenbericht des arabischen Reisenden Ibn Fadlan über das Begräbnis eines Warägerhäuptlings an der Wolga im Jahr 922: Dem an Bord seines Schiffes prunkvoll aufgebahrten Toten wurden Waffen, Speisen, Haustiere und ein im Verlauf der Bestattungsprozedur stranguliertes Sklavenmädchen mit auf die Fahrt ins Jenseits gegeben. Nach der Verbrennung des Schiffes wurde ein Hügel über den Brandresten errichtet.

Älter noch war die Sitte, ein Schiff in unverbranntem Zustand zu vergraben. Solche Schiffsgräber kennt man aus Norwegen (Borre, Tune, Gokstad und Oseberg) und Dänemark (Ladby, Haithabu). Das berühmte Schiff im Oseberghügel am Oslofjord enthielt den Leichnam einer hochgestellten Frau, möglicherweise einer Königin, mit einer Begleiterin. Zu den Beigaben gehörten alle für den Alltag erforderlichen Dinge: Haushalts- und Kochgeräte, Webstühle, Töpfe und andere Gefäße, ferner ein Bett, Wagen und Schlitten, Pferde, Hunde, Ochsen und Lebensmittel.

Sehr alt und weitverbreitet war der Glaube, dass die gestorbenen Vorfahren in einem Hügel oder Berg lebten. Eine ausführliche Schilderung findet man in der „Eyrbyggja saga": Über den Goden þórólf wird berichtet, dass er einen großen Tempel auf seinem Besitz baute. Dort gab es auch einen Berg, dem er große Verehrung entgegenbrachte: *„Diesen Berg nannte er Helgafell [Heiligenberg], und er glaubte, dass er in diesen Berg eingehen würde, wenn er stürbe, wie auch alle seine Verwandten ..."* In einem späteren Kapitel der Saga heißt es: *„Es war eines Abends im Herbst, da war ein Schafhirte þorsteinns nördlich von Helgafell zu seinem Vieh unterwegs. Er sah, dass der Berg an seiner Nordseite offen lag. Im Inneren des Bergs sah er lodernde Feuer und hörte dort fröhliches Stimmengewirr und den Klang von Trinkhörnern. Und als er lauschte, ob er nicht ein paar Wörter unterscheiden könnte, hörte er, wie þorsteinn þorskabít und seine Gefährten begrüßt wurden und wie gesagt wurde, er solle sich auf den Hochsitz gegenüber seinem Vater setzen."*

Nach dem Tod seines Vaters ließ Egill auf der Landspitze Digranes einen Grabhügel errichten: *„... dort hinein legte man Skalla-Grím und ein Pferd und seine Waffen und die Schmiedewerkzeuge."* Zuvor hatten sie den Leichnam durch ein Loch in der Wand aus dem Haus getragen, das vorher aufgebrochen worden war, um es sogleich wieder zuzumauern. Das war so üblich, wenn man verhindern wollte, dass der Tote sich an den Weg erinnerte und zurückkehrte.

In den Sagas tauchen viele Verstorbene als Wiedergänger auf. Auftauchen im wahrsten Sinne des Wortes taten dabei Ertrunkene, die in tropfnasser Kleidung ihrem alten Zuhause einen Besuch abstatteten. Diejenigen, die im Bett starben und in der Erde bestattet wurden, traten in erdigen Kleidern auf. Im „Zweiten Lied von Helgi, dem Töter Hundings", zeigt sich der auf dem Schlachtfeld getötete Held mit blutenden Wunden: Seine Frau besuchte ihn im offenen Grabhügel. Sie sollte nicht klagen, tröstete er sie – ihm ginge es gut, sogar Frauen seien im Hügel bei den Toten.

Zahlreiche Episoden berichten von Wiedergängern, die zur Plage wurden. In einigen Fällen ging es dabei um Menschen, die nicht genau der Sitte gemäß beerdigt worden waren, oftmals aber auch um schwierige Charaktere, die schon zu Lebzeiten abstoßende Charakterzüge gezeigt hatten. Wer im Leben noch eine Rechnung offen hatte, fand im Grab keine Ruhe. Der Tote konnte dann umgehen und mehr Schaden als zu Lebzeiten anrichten. In so einem Fall musste der Tote noch einmal getötet werden. Man zertrümmerte die Wirbelsäule oder köpfte die Leiche, wobei der Kopf dann zu Füßen, neben oder unter der Leiche platziert wurde, um zu verhindern, dass er wieder anwuchs. Sehr effektiv war es, die Leiche zu verbrennen und die Asche ins Meer zu streuen. Man konnte auch einen Pfahl durch den Leichnam rammen, um den Toten im Grab festzunageln. Beispiele wie diese aus verschiedenen Sagas belegen, dass man das Grab selbst als Aufenthaltsort des Toten sah.

Wirklich attraktiv war keiner der vorgestellten Totenreiche, das berühmte Walhall war allenfalls für Berufskrieger interessant, auf die kein Grabhügel zu Hause wartete. Heute geht man davon aus, dass das Bild vom Kriegerparadies vor allem eine dichterische Vorstellung war, eine Verherrlichung der Kampfideale einer aristokratischen Kriegerschicht.

Zeitgenössische Dokumente sind die Runeninschriften. Der Tod wird hier häufig genannt – ein Krieger starb im Osten, ein anderer im Westen – oftmals als ein sachlicher, nüchterner Tatbestand ohne Kommentar. Ausführlicher ist die Inschrift eines Steines in Sjörup in Schonen, sie ist Asbjørn, dem Sohn des Toki, gewidmet: „... *er floh nicht in Uppsala, sondern kämpfte, solange er Waffen halten konnte. "*

Was die Ehre und den Nachruhm betraf, konnte es kaum besser laufen als im Fall dieses Helden, dessen ehrenvoller Tod auf dem Schlachtfeld in Uppsala in Stein gemeißelt wurde – gleichsam für die Ewigkeit. Ohne Frage war für den nordischen Krieger ein ehrenvoller Tod von großer Bedeutung. In der Spruchdichtung „Hávamál" heißt es:

„*Reichtum stirbt,*
Familien sterben,
du selbst stirbst wie sie;
doch eines weiß ich,
dass niemals stirbt –
das Urteil über eines Mannes Tod. "

Der Ruhm und damit die Unsterblichkeit hingen davon ab, wie tapfer ein Mann dem (unausweichlichen) Tod entgegentrat. Nicht um das Weiterleben als Toter in Walhall ging es ihm, sondern um die dauernde Wertschätzung durch die Lebenden. Ohne Zweifel aber war man lieber lebendig als tot. Immer wieder kommt der unbedingte Überlebenswille der Wikinger zum Ausdruck. War das Risiko zu groß, bei einem Angriff das Leben zu verlieren, verzichtete man auf Kampf und Beute. Zahlreiche zeitgenössische Chronisten berichten, dass die Wikinger dem Kampf aus dem Weg gingen, wenn die Gefahr bestand, ihr Leben zu verlieren: „*Nachdem jedoch die Normannen ihre Schiffe wieder erreicht hatten, kehrten sie, aus Furcht vor der Stärke des königlichen Heeres, um nicht eingeschlossen zu werden, in die Seine zurück. Hier bleiben sie den ganzen Sommer und machten Beute, ohne Widerstand zu finden.*" („Annales Vedastini" zum Jahr 897). Ging der Kampf verloren, entzogen sich die geschlagenen Nordmänner der Verfolgung, indem sie sich zerstreuten und einzeln zu den Schiffen durchschlugen. Sie scheuten nicht die (unehrenhafte) Flucht, um mit dem Leben davonzukommen. In den Berichten findet sich keine Spur von Sehnsucht nach einem wie auch immer gearteten Tod. Man war bestrebt, möglichst lange zu (über-) leben, dazu findet man in der „Hávamál" eine ganze Reihe nützlicher Ratschläge: Halte deine Waffen immer in Reichweite; schau dich am Eingang vorsichtig um, bevor du eintrittst; lass dich nicht unnötig auf einen Streit ein; benutze deinen Verstand; pflege deine Freundschaften. Das Leben war ihnen wichtig:

> *„Der Handlose hütet,*
> *der Hinkende reitet,*
> *tapfer der Taube kämpft;*
> *blind ist besser als verbrannt zu sein,*
> *nichts taugt mehr, wer tot."*

Unmissverständlich ermutigen diese Zeilen in der „Hávamál" (Spruch 71) auch schwer verwundete, sogar verstümmelte Krieger zum Weiterleben. Jede Art von Leben war besser als der Tod.

Die Wikinger konnten nicht lesen und schreiben

„Halfdan war hier", kritzelte ein Nordmann im 9. Jahrhundert auf die Balustrade der Hagia Sophia. Halfdan – Halbdäne, kein ungewöhnlicher Name. War es das Runen-Graffiti eines gelangweilten Kriegers in den Diensten des byzantinischen Kaisers oder das eines Händlers, der nach erfolgreichen Geschäften vor der Abreise noch ein paar Tage die prächtige Hauptstadt des byzantinischen Reiches bestaunte? Eine vergleichbare Metropole gab es im ganzen Norden nicht. Schon zur Römerzeit war das kulturelle Gefälle zwischen Nord und Süd gewaltig gewesen, nicht nur, was die Architektur, sondern auch, was die literarischen und wissenschaftlichen Werke anging. Erst mit der christlichen Kirche gelangte das lateinische Alphabet in den Norden. In den Klöstern entstanden seit dem frühen Mittelalter prachtvolle Handschriften, man schrieb mit Feder und Tinte auf Pergament. „Man" – das waren Mönche, Geistliche. Die mitteleuropäische Bevölkerung konnte nicht lesen und schreiben, nicht einmal der an Bildung interessierte Herrscher Karl der Große war in der Lage, ein Dokument namentlich zu unterzeichnen, und auch des Lesens war er nicht mächtig – dafür war er auf die schriftgelehrten (Kirchen-) Männer an seinem Hof angewiesen. Vor diesem Hintergrund ist es umso bemerkenswerter, dass in eben jener Zeit hoch im Norden Runeninschriften zu finden sind, die belegen, dass die Menschen – im (groß-) bäuerlichen

Umfeld ebenso wie an königlichen Höfen – lesen und schreiben konnten. Die Nordmänner kannten zwar keine Bücher, aber sie besaßen
eine Schriftreihe, deren einzelne Zeichen – die Runen – für verschiedene praktische wie magische Zwecke verwendet wurden.

Runen wurden mit der Messerspitze auf Holz, in Metall, Knochen
und Stein geritzt. Das war praktisch – ein Messer trug man immer bei
sich. Kennzeichnend für die Runenzeichen sind senkrechte Linien mit
schräg abstehenden Zweigen. Materialbedingt wurden waagerechte
Linien ebenso gemieden wie Rundungen. Wann und wo die Runenschrift entstand, ist nicht genau bekannt. In jedem Fall geschah es
lange vor der Wikingerzeit. Viele germanische Völker – Alemannen,
Franken, Thüringer, Goten, Friesen und Angelsachsen – verwendeten
sie. Vermutlich besaß Skandinavien Ende des 1. Jahrhunderts seine
erste, von Alphabeten des Mittelmeerraumes inspirierte Schrift. Die
Buchstabenformen variierten von Region zu Region, von Jahrhundert
zu Jahrhundert. Bis zum 5. Jahrhundert hatte sich eine recht einheitliche Runenreihe von 24 Zeichen entwickelt, das nach den ersten
sechs Zeichen als (älteres) *futhark* bezeichnet wird. Zu Beginn der
Wikingerzeit war daraus ein vereinfachtes, nur aus 16 Zeichen beste-
hendes „Alphabet" geworden, das sogenannte „jüngere *futhark*". Der
Grund für diese Vereinfachung, die den Abstand zwischen gesproche-
ner und geschriebener Sprache vergrößerte, ist nicht klar. Die 16 Zeichen des *futhark* reichten jedenfalls nicht mehr aus, um alle Laute der
altnordischen Sprache abzudecken. Einige Runen mussten mehrere
Laute vertreten; so ist es nicht immer leicht, eine Runeninschrift, deren Zeichen man lesen kann, auch richtig zu deuten.

Die einzelne Rune steht nicht nur für einen Laut, sondern auch für
einen Begriff. Beispielsweise hat die Rune mit dem Lautwert „i" den
Runennamen „isa" (Eis). Runen waren auch heilige Zeichen, die von
Eingeweihten nach Bedarf zum Glück oder Schaden verwendet werden konnten. Rune (altgerm. *runa/run*) bedeutet „Geheimnis" oder
„geheimes Gespräch". Diese ursprüngliche Bedeutung findet man im
Deutschen noch in den verwandten Wörtern raunen/Geraune. In
dem in der „Lieder-Edda" überlieferten Lied von Sigrdrifa (der Sieg-

spenderin) werden verschiedene Arten von nützlichen Runen aufgezählt: Siegrunen, die den Sieg bringen, Brandungsrunen, die ein Schiff heil durch das Meer bringen, Rettungsrunen, die ein Kind aus dem Mutterleib retten, Zweigrunen, die Wunden heilen oder Bierrunen, die anzeigen, ob einen jemand vergiften will, Runen der Rede, die einem helfen, Leute beispielsweise auf dem Thing zu überzeugen, Denkrunen, die einen kühn machen.

Dass sich nicht jeder auf die Magie von Runen verstand, zeigt eine Episode aus der „Saga von Egill Skalla-Grímsson", in der Egill und seine Fahrtgenossen unterwegs waren und zu einem Hof kamen, wo sie um eine Mahlzeit und um Futter für ihre Pferde baten. Während des Essens bemerkte er eine bettlägrige Frau im hinteren Teil des Raumes. Auf seine Frage, wer das sei, antwortete der Hausherr: Das ist meine Tochter, „sie ist schon lange krank, sie hat die Auszehrung, kann keine Nacht schlafen, und es ist, als hätte sie Verstand und Gestalt verloren." Egill fand heraus, dass ein Bauernsohn aus der Nachbarschaft Runen auf einem Stück Fischbein für sie geschnitzt hatte. Nachdem Egill die Runen gelesen hatte, schabte er sie ab und warf das ganze Fischbein ins Feuer, dann ließ er das Bettzeug hinaus in den Wind tragen und sprach:

„*Kein Mann soll Runen ritzen,*
vermag er sie nicht recht zu brauchen;
oft wird von dunklem Stabe
in die Irre geführt ein Mann.
Zehn geheime Runen sah ich
Geritzt auf geglättetem Fischbein;
Dies hat der Linde des Lauchs [Frau, Mädchen]
lange Kummer gebracht."

Egill ritzte neue Runen und legte sie unter das Polster ihres Lagers. Sie erwachte und fühlte sich gesund, aber sie war noch schwach an Kräften.

Die Verwendung der Runen zu magischen Zwecken gab es noch bis weit in die christliche Zeit. Eine beschwörende spätwikingerzeitliche Inschrift aus der Stabkirche von Urnes lautet: *„Priester Arne will Inga haben."* Für die Erfüllung des Liebesverlangens wurde vermutlich auch folgende, auf einem Rundhölzchen in Bergen gefundene Inschrift geritzt: *Ost : min : Kis : mik* („Meine Liebe, küß mich").

Im Verlauf der Wikingerzeit entwickelten sich die Runen immer mehr zu einer im Alltag gebräuchlichen Schrift. Spätwikingerzeitliche und mittelalterliche Grabungsfunde aus Bergen, Sigtuna und anderen Handelsplätzen zeigen viele Beispiele, in denen Runen für Kurzmitteilungen und Handelsabsprachen genutzt wurden. *„Torkjell, der Münzmeister, sendet dir Pfeffer"*, heißt es auf einem „Lieferschein". Ein Handelsmann informiert seinen Geschäftspartner: *„Manches fehlt mir … Es gibt weder Bier noch Fische …"* Runen wurden noch bis weit ins Mittelalter für Mitteilungen genutzt. Ein Großteil der Inschriften ist praktischer Art, vielfach verfolgen sie einen öffentlichen Zweck, persönliche Taten und Eigenschaften werden herausgestellt, Todesanzeigen klären Fragen von Erbschaft, Nachfolge und Besitzrechten. Mitunter vermitteln die Inschriften auch Einblicke in die Wertvorstellungen jener Zeit. So lässt eine Frau namens Thurid auf eine gewöhnliche Grabinschrift noch eine Lebensregel in Versform folgen: *„Ein Mensch soll wenig fürchten Und schön handeln."* Einen vortrefflichen Charakter bescheinigen Runen in Rörbro (im schwedischen Småland) einem Mann namens Eyvindr: *„… von allen anderen war er am wenigsten fähig, eine Bosheit auszusprechen; es machte ihm Freude, Speisen abzugeben, aber er kannte keinen Hass, er war ein guter, verlässlicher Freund und ein gläubiger Diener Gottes."*

Es hätte nichts dagegen gesprochen, die Runen später neben der lateinischen Schrift auch als Buchschrift zu nutzen. Zu Beginn des 11. Jahrhunderts wurde ein Runenalphabet mit 31 Zeichen entwickelt. Im Umfeld des dänischen Bischofssitzes in Lund verfasste man um 1300 ganze Bücher in Runenschrift. Eines der bewahrten Exemplare (Das Gesetz von Schonen − *Den skånske lov*) ist ein gelungenes und hübsches Beispiel dafür, dass es möglich war, in Runenschrift auf Pergament auch lange Texte zu verfassen, doch die Zeit der Runen war vorbei.

Wie viele Menschen in der Wikingerzeit Runen ritzen konnten und wie viele fähig waren, die Inschriften zu lesen, ist nicht bekannt. Laut der in der „Edda" überlieferten „Rigsþula" gehörte die Kenntnis der Runen zu den Fähigkeiten eines jungen Königsohns. In der „Völsunga saga" heißt es: *„Regin hieß der Ziehvater Sigurds und war der Sohn Hreidmars. Er lehrte ihn Kenntnisse, Brettspiel und Runen und in mancherlei Sprachen zu reden, wie es damals geziemend war für Königssöhne, und mancherlei andere Dinge."* Aus dem 12. Jahrhundert ist ein Gedicht des Jarls Rögnvaldr Kali auf den Orkneyinseln überliefert, darin zählt er die Künste auf, die ihm vertraut sind: *„Bei den Runen irre ich mich selten/Lesen kann ich … Den Lai dichten und Harfe spielen."*

Auch wenn die genannten Fähigkeiten mit Sicherheit nicht zur Allgemeinbildung gehört haben, so gibt es doch viele Belege dafür, dass man im Norden schon früh Freude hatte am Umgang mit der Sprache. Im 11. Jahrhundert wird man von einer weiteren Verbreitung der Lesefähigkeit ausgehen dürfen. Es hätte sonst wenig Sinn gemacht, Runensteine an markanten Orten – an Straßen, Flussübergängen oder an Versammlungsplätzen der Thinggemeinde – aufzustellen, an denen viele Menschen vorbeikamen.

Einige der Runeninschriften sind künstlerisch gestaltet. Auf manchen Steinen reihen sich die einzelnen Zeichen in einer Schlange aneinander, die sich in den Schwanz beißt, oftmals sind sie umgeben von dekorativen Motiven. Auf dem Runenstein von Ramsundsberget ist eine berühmte Episode aus den Heldenliedern dargestellt: Sigurd, der gerade den Drachen tötet. Auf dem Stein von Altuna (Uppland, Schweden) erkennt man neben anderen Motiven Thor, der gerade dabei ist, die Midgardschlange aus dem Wasser zu holen. Die Darstellungen zeigen, dass die Helden- und Götterlieder, die erst im 13. Jahrhundert verschriftlicht wurden, schon in der Wikingerzeit weitverbreitet waren.

Über Jahrhunderte wurden die Helden- und Götterlieder, die Preislieder und Geschichten aus der Wikingerzeit mündlich weitergegeben und bearbeitet. In vielen Sagas wird erwähnt, dass Gedichte und Geschichten im Rahmen von Festen und während der langen

Wintermonate vorgetragen wurden. In der „Saga von Eirík dem Roten" heißt es beispielsweise: *„In diesem Winter ging es in Brattahlíð
hoch her. Es wurden Brettspiele gespielt, Geschichten erzählt, und es gab
viele Vergnügungen, die die Stimmung im Haus aufheiterten."* Der hohe
Stand der hochmittelalterlichen altnordischen Dichtung, die heute
zur Weltliteratur zählt, ist ohne eine lange dichterische Tradition
nicht erklärbar. Auch wenn es noch keine Bücher gab, gab es unter
den Wikingern herausragende Dichter.

Die altnordische Dichtung wird traditionell in zwei Hauptgruppen
unterteilt. Zur Eddadichtung zählen die anonym überlieferten Götter-
und Heldenlieder. Sie behandeln die nordische Mythologie und erzählen unterhaltsame wie rätselhafte Geschichten von Göttern. Sie
geben praktische Verhaltensregeln für Bauern und Krieger, sie beschreiben die Taten tapferer Helden – die Spanne reicht von (historischen) Personen der Völkerwanderungszeit bis zu nordischen Varianten der Nibelungensage.

Die Skaldendichtung lässt sich namentlich bekannten Dichtern
zuordnen. Skalden waren meist junge Männer aus angesehenen Familien. Während im 9. und 10. Jahrhundert die meisten Skalden Norweger waren, stammten sie später nur noch aus Island. Sie brachen
von zu Hause auf, um an den Höfen der Könige und Jarle von Norwegen, Dänemark, Schweden, Dublin, York und den Orkneyinseln zu
dichten. Sie besangen Siege und große Taten und erhielten dafür reichen Lohn.

„Rasch dicht' ich
zu des Fürsten Ruhm,
wortkarg bin ich
dem Geizhals; des Herrschers Taten
offen ich preise …"

beschreibt Egill Skalla-Grímsson seine Motivation; für Geizhälse dich-
tet er nicht. Snorri zufolge soll sich der norwegische König Harald I.
Schönhaar mit vielen Skalden umgeben haben, ein großzügiger
„Schenker der Ringe" (eine skaldische Umschreibung für König) war

Ólaf II., der Heilige. In der Literatur werden die Ringe als Geschenke von Königen häufig genannt. Dass es sie wirklich gegeben hat, offenbaren zwei (1999 entdeckte) Schatzfunde in Spillings auf der Insel Gotland. Sie enthielten nicht weniger als 65 Kilogramm Silber, darunter 520 Armringe.

Überliefert sind Preislieder für Fürsten und Könige sowie anlässlich aktueller, wikingerzeitlicher Geschehnisse und persönlicher Erlebnisse gedichtete Einzelstrophen. Letztere bestehen aus einem einzigen Vers, während die Preislieder der Fürsten 20 oder 40 Strophen enthalten können. Im Gegensatz zu der einfachen und eingängigen Form der Eddalieder, die als Reimform nur die Alliteration (Stabreim) kennt, sind Wortstellung und Satzbau der skaldischen Dichtkunst äußerst kompliziert. Es gibt Binnenreime sowie Stabreime. Viele der Skaldengedichte sind in kunstvollen und regelreichen Versmaßen wie dem *dróttkvætt*, das Versmaß für den Hof, geschrieben. Die Strophe eines *dróttkvætt* besteht aus acht Zeilen, jede davon mit sechs Silben, drei betonte und drei unbetonte. In jeder geraden Zeile gibt es zwei Silben, die sich reimen, in der ungeraden Zeile gibt es zwei Silben, die sich teilweise reimen, das heißt, sie enthalten unterschiedliche Vokale, enden aber mit dem gleichen Konsonanten. Es gibt zahlreiche Variationen dieser Form. In dem Gedicht *Háttatal* (Verzeichnis der Versformen) stellt der isländische Gelehrte Snorri Sturluson 102 verschiedene bekannte Strophenformen dar. Die Unterscheidung ist nicht immer sicher, es gibt auch viele berühmte Skaldentexte im einfachen und leichter verständlichen eddischen Versmaß.

Die älteste bekannte Skaldendichtung ist die *Ragnarsdrápa* (das Preisgedicht auf Ragnar), die dem norwegischen Skalden Bragi Boddason (9. Jahrhundert) zugeschrieben wird. Schauplatz der Handlung ist die Königshalle. Der dänische König Ragnar Lodbrok hat dem Skalden einen prachtvollen Schild geschenkt, auf dem vier mythologische Bilder gemalt sind, und bittet ihn nun, diese zu beschreiben. Eine der Szenen zeigt die Episode von Thor und der Midgardschlange, die man auch aus den Götterliedern der „Edda" und von anderen bildlichen Darstellungen kennt.

Kennzeichnend für die Skaldendichtung ist eine reiche Verwendung von Umschreibungen, die *heiti* und *kenningar* (pl.) heißen. Ein *heiti* ist die Umschreibung eines Wortes mit einem Synonym. *kenningar* sind mehrgliedrige, bildliche Umschreibungen – ein Schiff heißt „Wellenpferd", die Frau wird mit „Gefilde der Goldringe", der Sturm als „Unhold der Zweige" umschrieben. Die Verwendung von „Kenningar" kann so weit gehen, dass in einem Gedicht kein Ding bei seinem richtigen Namen genannt wird.

Tausende solcher Umschreibungen sind bekannt, viele von ihnen setzten die Kenntnis der Mythen und Heldensagen voraus.

Auf der Grundlage der überlieferten Eddadichtung und weiterem, mündlich tradiertem Wissen aus älteren Zeiten schrieb Snorri Sturluson um 1220/30 ein mythologisches und poetologisches Handbuch, das jungen Skalden (altnord. *skáld* = Dichter) Kenntnisse der altnordischen Mythologie und der heidnischen Dichtkunst anhand von Beispielen vermittelt.

In seinem Lehrwerk gibt er eine Fülle konkreter Beispiele. Wie umschreibt man das Meer? Wie umschreibt man das Gold? Wie umschreibt man die Frau? Mit Fragen wie diesen leitet Snorri seine lehrreichen Kapitel ein. 50 Begriffe weiß er für das Meer, ebenso viele für Gold, 30 Begriffe nennt er für die Frau, er kennt mehr, verzichtet aber darauf, die herabsetzenden Umschreibungen zu nennen.

Ein Großteil der erhaltenen Skaldenstrophen, mitunter auch ganze Preislieder, ist in den Sagas (den „Königsagas" und den „Isländersagas") des 13. Jahrhunderts überliefert. Oftmals dienen sie der Verifizierung der geschilderten Ereignisse. Wenn Egill Skalla-Grímsson mit einem Preislied am Hofe König Eiríks seinen eigenen Kopf (vor der Hinrichtung) rettet, ist der Hörer überzeugt(er), dass sich die Ereignisse so und nicht anders zugetragen haben. Nicht alle überlieferten Strophen sind wikingerzeitlich, einige stammen aus der Feder des jeweiligen Sagaschreibers ein paar hundert Jahre später. Viele Verse aber werden die Zeiten dank der komplexen Struktur von End-, Binnen- und Betonungsreimen unverändert überstanden haben. Es gibt auch überlieferte Verse, die zwei verschiedenen Skalden (in jeweils anderen Sagas) zugeordnet werden, Sagaschreiber konnten sich also aus einem Pool an überlieferten Versen bedienen. Auf ein umfangreiches poetisches Werk konnte der namentlich nicht genannte Autor der „Saga von Egill Skalla-Grímsson" zurückgreifen (als Autor ist immer wieder Snorri Sturluson vorgeschlagen worden, er war mütterlicherseits ein Nachfahre Egils). Sicher ist das nicht, aber wer auch immer der Autor war, mit Egils abenteuerlicher Lebensgeschichte ist ihm ein literarisches Meisterwerk gelungen.

Egill war der Inbegriff eines Wikingers. Schon als Kind war er so *„ungestüm und hitzig"*, dass sich alle die größte Mühe gaben *„ihren Söhnen beizubringen, sich mit Egill nicht einzulassen"*. Als er im Alter von sieben Jahren einem drei oder vier Jahre älteren Jungen im Ringkampf unterliegt, erschlägt er diesen aus Schmach und Wut mit der Axt – der Beginn einer Fehde, die noch viele Tote fordern sollte. Egill aber kehrte nach dem Totschlag heim zu seiner Mutter, die gelassen kommentierte, ihr Sohn hätte das Zeug zu einem Wikinger. Seine Verse sind überliefert:

> *„Das sagte meine Mutter,*
> *man müsste mir kaufen*
> *Schiff und feste Riemen,*
> *zu fahren dahin mit Wikingern:*
> *droben stehn am Steven,*
> *steuern teuren Knörr,*
> *halten so zum Hafen,*
> *haun auf Mann nach Mann."*

Egils Traum vom wilden Wikingleben wurde wahr, er segelte in fremde Länder, unternahm Raub- und Handelsfahrten und dichtete für Könige und Fürsten. Er überwarf sich in York mit dem norwegischen Wikingerkönig Eirík Blutaxt, wurde gefangen genommen und als dieser ihn hinrichten lassen wollte, schuf Egill in einer Nacht ein Preislied von zwanzig Strophen auf den König. Dieser war beeindruckt: *„Das Gedicht ist vortrefflich vorgetragen worden, und jetzt habe ich es mir überlegt, … diesmal will ich dir nun deinen Kopf schenken."* Egill wurde

begnadigt, das Lied wurde seitdem *Hǫfuðlausn* („Die Haupteslösung")
genannt. Egils berühmteste Dichtung aber ist *Sonatorrek* („Der Söhne
Verlust"), in dem er um seine geliebten *Söhne trauert:*

> „... *mein Geschlecht*
> *steht am Ende,*
> *gleich sturmzerschlagnen*
> *Ahornen im Wald ...*"

Seine kraftvollen, auch heute noch ergreifenden Verse sind eine bitte-
re Anklage gegen die Meeresgötter Ran und Ægir, die ihm die Söhne
geraubt haben, vor allem aber gegen Odin, dem Gott der Dichter, der
ihm bis dahin ein treuer Freund gewesen war. Am Ende überwindet
Egill seinen Kummer und die Selbstmordgedanken durch das Dichten
und versöhnt sich mit Odin, dem er die Fähigkeit verdankt, seine
Trauer dichterisch zu verarbeiten und dadurch seinen Lebenswillen
wiederfindet. Während Egill im Prosatext der Saga als ein egozentri-
sches, zu Habsucht, Geiz und Maßlosigkeit neigendes Raubein geschildert wird, offenbart die überlieferte Dichtung seinen depressi-
ven, leidenschaftlichen und sensiblen Charakter – einen Dichter von
Weltformat.

Literaturverzeichnis

Quellen mit Übersetzung und Kommentar
Die folgende Liste enthält die im Buch mehrfach zitierten Autoren und Ausgaben, also nur eine kleine Auswahl.

Adam von Bremen: Gesta Hammaburgensis Ecclesiae Pontificum (Bischofsgeschichte der Hamburger Kirche), mit Übersetzung ins Deutsche, hrsg. von Werner Trillmich, in: Quellen des 9. und 11. Jahrhunderts zur Geschichte der Hamburgischen Kirche und des Reiches. Darmstadt 2000.

Arabische Berichte von Gesandten an germanische Fürstenhöfe aus dem 9. und 10. Jahrhundert. Ins Deutsche übertragen und mit Fußnoten versehen von Georg Jacob, Berlin und Leipzig 1927.

Die Edda: Götter- und Heldenlieder der Germanen: Aus dem Altnordischen übertragen von Arthur Häny, Zürich 1987. Aus dieser Ausgabe werden die Götter- und Heldenlieder in diesem Band zitiert.

Ibn Fadlans Reisebericht. Arabisch-deutsche Ausgabe von A. Zeki Validi Togan, Leipzig 1939 (Nachdruck 1966).

Isländersagas in vier Bänden plus Begleitband, herausgegeben von Klaus Böldl, Andreas Vollmer und Julia Zernack, Frankfurt am Main 2011. Mehrfach zitiert wurde aus Band 1: Die Saga von Egill Skalla-Grímsson (Egils saga Skalla-Grímssonar), aus dem Altisländischen von Kurt Schier; die Saga von Brennu-Njáll (Brennu-Njáls saga, aus dem Altisländischen von Karl-Ludwig Wetzig. Band 2: Die Saga von den Leuten auf Eyr (Eyrbyggja saga), Klaus Böldl; Die Saga von den Leuten aus dem Laxárdal (Laxdœla saga), aus dem Altisländischen von Karl-Ludwig Wetzig. Band 4: Die Saga von den Grönländern (Grœnlendinga saga); Die Saga von Eirík dem Roten (Eiríks saga rauða), beide aus dem Altisländischen von Tina Flecken.

Der Königsspiegel (Konungsskuggsja). Fahrten und Leben der alten Norweger. Aufgezeichnet im 13. Jahrhundert. Aus dem Altnorwegischen übersetzt und eingeleitet von Rudolf Meissner, Leipzig und Weimar, 1978.

Rimbert: Vita Anskarii (Ansgars Leben), in: Quellen des 9. und 11. Jahrhunderts zur Geschichte der Hamburgischen Kirche und des Reiches, mit Übersetzung ins Deutsche, hrsg. von Werner Trillmich. Ausgewählte Quellen zur deutschen Geschichte des Mittelalters 11, Darmstadt 2002.

Saxo Grammaticus: Gesta Danorum (Die Taten der Dänen). Mythen und Legenden des berühmten mittelalterlichen Geschichtsschreibers Saxo Grammaticus. Übersetzt, nacherzählt und kommentiert von Hans-Jürgen Hube, Wiesbaden 2004.

Sammlung Thule: Niedner, Felix; Neckel Gustav (Hg.): Sammlung Thule. Altnordische Dichtung und Prosa. Band 1–24. Düsseldorf/Köln 2. Aufl. 1963–1967. Zitiert wurde aus den Bänden 14–16, Snorris Königsbuch (Heimskringla) I–III, übertragen von Felix Niedner.

Allgemeines zu den Wikingern:

Banck, Claudia: Die Wikinger, Stuttgart 2009.

Boyer, Régis: Die Piraten des Nordens. Leben und Sterben als Wikinger, Stuttgart 2001.

Ferguson, Robert: The Hammer and the Cross. A New History of the Vikings, London 2010.

Graham-Campbell, James (Hg.): Das Leben der Wikinger. Krieger, Händler und Entdecker, Hamburg 2002.

Magnusson, Magnus: Die Wikinger. Geschichte und Legende, Düsseldorf 2007.

Roesdahl, Else (Redaktion): Wikinger, Waräger, Normannen. Die Skandinavier und Europa 800–1200, Berlin 1992.

Sawyer, Birgit und Peter: Die Welt der Wikinger, Berlin 2002 (Die Deutschen und das europäische Mittelalter, 1).

Sawyer, Peter (Hg.): Die Wikinger. Geschichte und Kultur eines Seefahrervolkes, Hamburg 2008.

Simek, Rudolf: Die Wikinger, München (4. Aufl.) 2005.

Wernick, Robert und Redaktion der Time-Life Bücher: Geschichte der Seefahrt. Die Wikinger, Eltville 1992.

Williams, Gareth; Pentz, Peter; Wemhoff, Matthias: Vikings, life and legend, London 2014 (Katalog zur Wikingerausstellung)

Zu bestimmten Themen:

Düwel, Klaus: Runenkunde, Stuttgart und Weimar 2001. Von Klaus Düwel stammen die Übersetzungen der Runeninschriften in diesem Band.

Findeisen, Jörg-Peter: Vinland. Die Entdeckungsfahrten der Wikinger von Island nach Grönland und Amerika. Erik der Rote, Bjarni Herjulsson, Leif Eriksson und Thorfinn Karlsefni, Kiel 2011.

Magnusson, Magnus; Forman, Werner: Die Wikinger. Letzte Boten der germanischen Welt, Luzern und Herrsching 1986.

Maixner, Birgit: Haithabu: Fernhandelszentrum zwischen den Welten, Neumünster/Schleswig 2010.

Schier, Kurt: Sagaliteratur, Stuttgart 1970.

Schönfeld, Dagobert: Der Isländische Bauernhof und sein Betrieb zur Sagazeit, Strassburg 1902.

Seaver, Kirsten A.: Mit Kurs auf Thule. Entdeckungsreisen der Wikinger, Stuttgart 2010.

See, Klaus von: Europa und der Norden im Mittelalter. Heidelberg 1999.

Simek, Rudolf: Lexikon der germanischen Mythologie, Stuttgart 2006.

Simek, Rudolf und Hermann Pálsson: Lexikon der altnordischen Literatur. Die mittelalterliche Literatur Norwegens und Islands. Stuttgart 2007.

Steinsland, Gro und Meulengracht Sørensen, Preben: Menneske og makter i Vikingenes Verden, Oslo 1993.

Vésteinn Ólason: Die Isländersagas. Im Dialog mit der Wikingerzeit, Kiel 2011.

Winroth, Anders: The conversion of Scandinavia: Vikings, merchants and missionaries in the remaking of Northern Europe, New Haven/London 2012.

Willemsen, Annemarieke: Wikinger am Rhein 800 –1000, Stuttgart 2004.

Zettel, Horst: Das Bild der Normannen und der Normanneneinfälle in westfränkischen, ostfränkischen und angelsächsischen Quellen des 8. bis 11. Jahrhunderts, München 1977.

Ortsregister

Personenregister